ALMANACH DES JEUX,

OU

ACADÉMIE PORTATIVE,

Contenant les Regles
DU WISCHT, DU REVERSIS,
DU TRE-SETTE ET DU PIQUET.

Avec Perte & Gain.

A PARIS,

Chez FOURNIER, Libraire, rue
du Hurepoix.

M. DCC. LXXX.

178

⊙ M
☾ P
⊕ P
☽ D

same
Dim.
lundi
mard
merc
jeudi
vend
same
1 *Di.*
lundi
mard
merc
jeudi
vend
same
2 *Di.*
lundi
mard
merc
jeudi
vend
same
Dim.
lundi
mard
merc
jeudi
vend
same
Dim.
lundi

1780. JANVIER.   FEVRIER.

JANVIER	FEVRIER
☽ *Nouv. Lune le 6.*	☉ *Nouv. Lune le 5.*
☽ *Prem. Quart. le 14.*	☽ *Prem. Quart le 13.*
☽ *Pleine Lune le 21.*	☉ *Pleine Lune le 20.*
☾ *Dern. Quart. le 28.*	☾ *Dern. Quart. le 27.*

me	1	*La Circoncif.*	mard	1	s. Ignace.
Dim.	2	s. Bafile.	merc	2	*Purification.*
ndi	3	*ste. Geneviev.*	jeudi	3	s. Blaife.
ard	4	s. Rigobert.	vend	4	s. Gilbert.
erc	5	s. Simeon.	fame	5	ste. Agathe.
idi	6	*Les Rois.*	Dim.	6	*Quinquag.*
nd	7	*Nôces.*	lundi	7	s. Romuald.
me	8	s. Lucien	mard	8	*Mardi gras.*
Di.	9	s. Pierre, E.	merc	9	*Cendres.*
ndi	10	s. Paul, Her.	jeudi	10	ste. Scolaftiq.
ard	11	s. Théodofe.	vend	11	s. Severin.
erc	12	s. Ferjus.	fame	12	ste. Eulalie.
eudi	13	s. Hilaire.	1. Di.	13	*Quadragéfime.*
end	14	Nom de J.	lundi	14	s. Fulcran.
ame	15	s. Maur.	mard	15	s. Fauftin.
Di.	16	s. Guillaume.	merc	16	4 *Tems.*
ndi	17	s. Antoine.	jeudi	17	s. Onéfime.
ard	18	Ch. s. Pierre.	vend	18	s. Siméon.
merc	19	s. Sulpice.	fame	19	s. Barbat.
eudi	20	s. Séb. s. Fab.	2 Di.	20	*Reminifcere.*
end	21	ste. Agnès.	lundi	21	s. Conrad.
fame	22	s. Vincent.	mard	22	Ch. s. Pierre.
Dim.	23	*Septuagéfime.*	merc	23	s. Humbert.
lundi	24	s. Babylas.	jeudi	24	s. Céfaire.
mard	25	Conv. s. Paul.	vend	25	s. Mathias.
merc	26	ste. Paule.	fame	26	s. Taraife.
jeudi	27	s. Julien.	3 Di.	27	*Oculi.*
vend	28	s. Charlemag.	lundi	28	s. Honorin.
fame	29	s. Fr. de Sales.	mard	29	s. Romain.
Dim.	30	*Sexagéfime.*			Lettre Dominicale B. A.
lundi	31	s. Pierre N.			*Epacte 23.*

MARS.			AVRIL.		
☉ *Nouv. Lune le 6.*			☉ *Nouv. Lune le*		
☽ *Prem. Quart. le 14.*			☽ *Prem. Quart. le*		
☼ *Pleine Lune le 20.*			☼ *Pleine Lune le*		
☾ *Dern. Quart. le 27.*			☾ *Dern. Quart. le*		
merc	1	s. Aubin.	fame	1	s. Hugues.
jeudi	2	s. Simplic.	1 *Di.*	2	*Quasimodo.*
vend	3	ste. Cunégond.	lundi	3	*Annonciati*
fame	4	s. Cafimir.	mard	4	s. Ambroif
4 *Di.*	5	*Lætare.*	merc	5	s. Vincent
lundi	6	ste. Colette.	jeudi	6	s. Prudent
mard	7	ste Perpétue.	vend	7	s. Clotaire
merc	8	s. Jean de D.	fame	8	s. Gautier
jeudi	9	ste. Françoise.	2 *Di.*	9	ste. M. Clé
vend	10	s. Doctrovée.	lundi	10	s. Fulbert
fame	11	40 Martyrs.	mard	11	s. Léon, P.
5 *Di.*	12	*Judica.*	merc	12	s. Jules, P.
lundi	13	S. Paul, Evêq.	jeudi	13	ste. Ide.
mard	14	s. Lubin.	vend	14	s. Tiburce
merc	15	s. Longin.	fame	15	s. Paterne.
lundi	16	s. Abraham.	3 *Di.*	16	s. Druon.
vend	17	la Comp.	lundi	17	s. Anicet.
fame	18	s. Alexan.	mard	18	s. Parfait.
6 *Di.*	19	*Rameaux.*	merc	19	s. Marcelin
lundi	20	s. Joachim.	jeudi	20	s. Anfelme
mard	21	s. Benoît.	vend	21	Inv. s. D.
merc	22	s. Eufebe.	fame	22	ste. Opportu
jeudi	23	s. Gabriel.	4 *Di.*	23	s. George.
vend	24	*Vend. S.*	lundi	24	s. Robert
fame	25	s. Agapet.	mard	25	s. Marc
Dim.	26	*PASQUES.*	merc	26	s. Polycarpe
lundi	27	s. Ludger.	jeudi	27	s. Clet, P.
mardi	28	s. Gontran.	vend	28	s. Vital, M.
merc	29	s. Eustase.	fame	29	ste. M. Egyp
jeudi	30	s. Rieule.	5 *Di.*	30	s. Eutrope
vend	31	s. Acafe.			*Nombre d'or.* 14.

<table>
<tr><td>

M A I.

☉ *Nouv. Lune le* 4.
☽ *Prem. Quart. le* 11.
☺ *Pleine Lune le* 18.
☾ *Dern. Quart. le* 26.

lundi	1	*Rogations.*
mard	2	s. Athanase.
merc	3	Inv. de ste. Cr.
jeudi	4	*Ascension.*
vend	5	C. s. Augustin.
same	6	s. Jean P. Lat.
5 *Di.*	7	s. Stanislas.
lundi	8	Ap. s. Michel.
mard	9	Gr. de N.
merc	10	s. Antonin.
jeudi	11	s. Mamert.
vend	12	s. Nerée.
same	13	Vig. *jeûne.*
Dim.	14	*Pentecôte.*
lundi	15	s. Victorin.
mard	16	s. Honoré.
merc	17	4 *Tems.*
jeudi	18	s. Félix.
vend	19	s. Yves.
same	20	s. Bernardin.
1 *Di.*	21	*La Trinité.*
lundi	22	ste Julie.
mard	23	s. Didier.
merc	24	s. Donatien.
jeudi	25	*Fête-Dieu.*
vend	26	s. Urbin.
same	27	s. Hildevert.
2 *Di.*	28	s. Germain.
lundi	29	s. Maxime.
mard	30	s. Hubert.
merc	31	ste. Petronil.

</td><td>

J U I N.

☉ *Nouv. Lune le* 3.
☽ *Prem. Quart. le* 9.
☺ *Pleine Lune le* 16.
☾ *Dern. Quart. le* 25.

jeudi	1	Oct. *Fête-D.*
vend	2	s. Pothin.
same	3	ste. Clotilde.
3 *Di.*	4	s. Optat.
lundi	5	s. Boniface.
mard	6	s. Claude.
merc	7	s. Mériad.
jeudi	8	s. Médard.
vend	9	s. Liboire.
same	10	s. Landry.
4 *Di.*	11	s. Barnabé.
lundi	12	s. Basilide.
mard	13	s. Fargeau.
merc	14	s Rufin.
jeudi	15	s. Guy.
vend	16	s. Aurelien.
same	17	s. Avit.
5 *Di.*	18	ste. Marine.
lundi	19	s. Gerv. s. Pr.
mard	20	s. Silvestre.
merc	21	s. Leufroy.
jeudi	22	s. Paulin.
vend	23	Vig. *jeûne.*
same	24	*Nativ. s. J. B.*
6 *Di.*	25	s. Eloy.
lundi	26	s. Babolein.
mard	27	s. Irenée.
merc	28	Vig. *jeûne.*
jeudi	29	*s. Pierre s. P.*
vend	30	Com. s. P.

Cycle solaire 25.

</td></tr>
</table>

JUILLET.			AOUST.			S
☉ *Nouv. Lune le 2.*			☽ *Prem. Quart. le 7.*			☽
☽ *Prem. Quart. le 8.*			☼ *Pleine Lune le 15.*			☼
☼ *Pleine Lune le 16.*			☾ *Dern. Quart. le 21.*			☾
☾ *D.Q. 24.* ☉ *N.L. 31.*			☉ *Nouv. Lune le 29.*			☉
fame	1	s. Martial.	mard	1	s. Pierre ès-l.	ver
7 *Di.*	2	Visit. N. D.	merc	2	s. Etienne P.	fan
lundi	3	s. Anatole.	jeudi	3	Inv. s. Etien.	16
mard	4	Tr. s. Mart.	vend	4	s. Dominique.	lun
merc	5	s. Abel.	fame	5	s. Yon.	ma
jeudi	6	s. Tranquil.	12 *D*	6	Tra. N. Sei.	me
vend	7	s. Thom. Ev.	lundi	7	s. Gaëtan.	jeu
fame	8	s. Thibauld.	mard	8	s. Justin.	vé
8 *Di.*	9	s. Cyrille.	merc	9	s. Domitien.	fan
lundi	10	7 Freres.	jeudi	10	s. Laurent.	17
mard	11	Tr. s. Benoît.	vend	11	Susc. ste. Cou	lut
merc	12	s. Prix.	fame	12	ste. Claire.	m
jeudi	13	s. Turiaf.	13 *D*	13	s. Hippolyte	me
vend	14	s. Bonaventur.	lundi	14	Vig. jeûne.	jeu
fame	15	s. Henri.	mard	15	*Assomption.*	ver
9 *Di.*	16	N. D. du C.	merc	16	s. Roch.	fan
lundi	17	s. Alexis.	jeudi	17	s. Anastase.	18
mard	18	s. Clair.	vend	18	ste Helene.	lun
merc	19	s. Vinc. Paul.	fame	19	s. Agapite.	mi
jeudi	20	ste. Marguer.	14 *D*	20	s. Bernard.	me
vend	21	s. Victor.	lundi	21	s. Privat.	jeu
fame	22	ste. Madelein.	mard	22	s. Symphor.	ve
10 *D.*	23	s. Apolinaire.	merc	23	s. Thimothée	far
lundi	24	*Jours Canicul.*	jeudi	24	s. Barthélemi	1g
mard	25	s. Jacq. s. Ch.	vend	25	*s. Louis.*	tur
merc	26	Tr. s. Marcel.	fame	26	*Fin des J. Can*	ma
jeudi	27	s. Georges.	15 *D*	27	s. Césaire.	me
vend	28	ste. Anne.	lundi	28	s. Augustin.	jeu
fame	29	ste. Marthe.	mard	29	s. Médéric.	vé
11 *D.*	30	s. Abdon.	merc	30	s. Fiacre.	fan
lundi	31	s. Germ. Aux.	jeudi	31	s. Ovide.	Int

SEPTEMBRE.		OCTOBRE.	
☽ *Prem. Quart. le 5.*		☽ *Prem. Quart. le 5.*	
☉ *Pleine Lune le 13.*		☉ *Pleine Lune le 13.*	
☾ *Dern. Quart. le 21.*		☾ *Dern. Quart. le 21.*	
☉ *Nouv. Lune le 28.*		☉ *Nouv. Lune le 27.*	
vend	1	s. Leu s. Gill.	20 D. 1 s. Remi.
same	2	s. Lazare.	lundi 2 l'Ange Gard.
16 D.	3	s. Grég. Pape.	mard 3 s. Denis Aréo.
lundi	4	ste. Rosalie.	merc 4 s. François.
mard	5	s. Victorin.	jeudi 5 ste. Aure.
merc	6	s. Zacharie.	vend 6 ste. Foy.
jeudi	7	s. Cloud.	same 7 s. Serge.
vend	8	*Nativ. N. D.*	21 D. 8 ste. Brigide.
same	9	ste. Reine.	lundi 9 s. Denis.
17 D.	10	s. Nic. Tol.	mard 10 s. Paulin.
lundi	11	s. Patient E.	merc 11 s. Agilbert.
mard	12	s. Raphaël.	jeudi 12 s Venant.
merc	13	s. Maurille.	vend 13 s. Geraut.
jeudi	14	Ex. ste. Croix.	same 14 s. Caliste.
vend	15	s. Nicod.	22 D. 15 ste Thérèse.
same	16	s. Cyprien.	lundi 16 s. Gal.
18 D.	17	s. Lambert.	mard 17 s Cerboney.
lundi	18	s. Th. de V.	merc 18 s. Luc, Ev.
mard	19	s. Janvier.	jeudi 19 s. Loup, Ev.
merc	20	4 *Tems.*	vend 20 s. Caprais.
jeudi	21	s. Matthieu.	same 21 ste. Ursule.
vend	22	s. Maurice.	23 D. 22 s. Mellon.
same	23	ste. Thecle.	lundi 23 s. Romain.
19 D.	24	s. Andoché.	mard 24 s. Magloire.
lundi	25	s. Firmin.	merc 25 s Cresp. s. C.
mard	26	ste. Justine.	jeudi 26 s. Rustique.
merc	27	s. Côme s. D.	vend 27 s. Frumence.
jeudi	28	s. Ceran.	same 28 s. Sim. s. J.
vend	29	s. Michel.	24 D. 29 s. Narcisse.
same	30	s. Jérôme.	lundi 30 s. Quentin.
Indiction Romaine 13.			mard 31 Vig. jeûne.

NOVEMBRE.	DECEMBRE.

<table>
<tr><td colspan="3">

☽ *Prem. Quart. le* 4.
☉ *Pleine Lune le* 12.
☾ *Dern. Quart. le* 19.
☉ *Nouv. Lune le* 26.

</td><td colspan="3">

☽ *Prem. Quart. le*
☉ *Pleine Lune le* 1
☾ *Dern. Quart. le* 1
☉ *Nouv. Lune le* 1

</td></tr>
<tr>
<td>merc</td><td>1</td><td>*La Touffaint.*</td>
<td>vend</td><td>1</td><td>s. Eloy.</td>
</tr>
<tr>
<td>jeudi</td><td>2</td><td>*Les Trépaffés.*</td>
<td>fame</td><td>2</td><td>s. Franç. Xa</td>
</tr>
<tr>
<td>vend</td><td>3</td><td>s. Marcel.</td>
<td>1 *Di.*</td><td>3</td><td>*Avent.*</td>
</tr>
<tr>
<td>fame</td><td>4</td><td>s. Charles.</td>
<td>lundi</td><td>4</td><td>ste. Barbe.</td>
</tr>
<tr>
<td>25 *D.*</td><td>5</td><td>s. Hubert.</td>
<td>mard</td><td>5</td><td>s. Sabas.</td>
</tr>
<tr>
<td>lundi</td><td>6</td><td>s. Leonard.</td>
<td>merc</td><td>6</td><td>s. Nic. *Jeûne.*</td>
</tr>
<tr>
<td>mard</td><td>7</td><td>s. Baudin.</td>
<td>jeudi</td><td>7</td><td>s. Ambroife.</td>
</tr>
<tr>
<td>merc</td><td>8</td><td>stes. Reliques</td>
<td>vend</td><td>8</td><td>*Conc. N. D.*</td>
</tr>
<tr>
<td>jeudi</td><td>9</td><td>s. Mathurin.</td>
<td>fame</td><td>9</td><td>*Jeûne.*</td>
</tr>
<tr>
<td>vend</td><td>10</td><td>s. Martin, P.</td>
<td>2 *Di.*</td><td>10</td><td>s. Melch.</td>
</tr>
<tr>
<td>fame</td><td>11</td><td>s. Martin.</td>
<td>lundi</td><td>11</td><td>s. Damafe.</td>
</tr>
<tr>
<td>26 *D.*</td><td>12</td><td>s. René.</td>
<td>mard</td><td>12</td><td>s. Corentin.</td>
</tr>
<tr>
<td>lundi</td><td>13</td><td>s. Brice, Ev.</td>
<td>merc</td><td>13</td><td>ste. Luce.</td>
</tr>
<tr>
<td>mard</td><td>14</td><td>s. Emilien.</td>
<td>jeudi</td><td>14</td><td>s. Nicaife.</td>
</tr>
<tr>
<td>merc</td><td>15</td><td>s. Eugene.</td>
<td>vend</td><td>15</td><td rowspan="2">} *Jeûne.*</td>
</tr>
<tr>
<td>jeudi</td><td>16</td><td>s. Edme.</td>
<td>fame</td><td>16</td>
</tr>
<tr>
<td>vend</td><td>17</td><td>s. Agnan.</td>
<td>3 *Di.*</td><td>17</td><td>ste. Begue.</td>
</tr>
<tr>
<td>fame</td><td>18</td><td>s. Odon.</td>
<td>lundi</td><td>18</td><td>s. Gatien.</td>
</tr>
<tr>
<td>27 *D.*</td><td>19</td><td>ste. Elifabeth.</td>
<td>mard</td><td>19</td><td>s. Hildebert</td>
</tr>
<tr>
<td>lundi</td><td>20</td><td>s. Edmon.</td>
<td>merc</td><td>20</td><td>4 *Tems.*</td>
</tr>
<tr>
<td>mard</td><td>21</td><td>Pr. N. Dame.</td>
<td>jeudi</td><td>21</td><td>s. Thomas.</td>
</tr>
<tr>
<td>merc</td><td>22</td><td>ste. Cécile.</td>
<td>vend</td><td>22</td><td>s. Flavien.</td>
</tr>
<tr>
<td>jeudi</td><td>23</td><td>s. Clément.</td>
<td>fame</td><td>23</td><td>Vig. *jeûne.*</td>
</tr>
<tr>
<td>vend</td><td>24</td><td>s. Severin fol.</td>
<td>4 *Di.*</td><td>24</td><td>ste. Victoire.</td>
</tr>
<tr>
<td>fame</td><td>25</td><td>ste. Catherine.</td>
<td>lundi</td><td>25</td><td>*NOEL.*</td>
</tr>
<tr>
<td>28 *D.*</td><td>26</td><td>ste. Gen Ar.</td>
<td>mard</td><td>26</td><td>s. Etienne.</td>
</tr>
<tr>
<td>lundi</td><td>27</td><td>s. Maxime.</td>
<td>merc</td><td>27</td><td>s. Jean Ev.</td>
</tr>
<tr>
<td>mard</td><td>28</td><td>s. Softhen.</td>
<td>jeudi</td><td>28</td><td>ss. Innocens.</td>
</tr>
<tr>
<td>merc</td><td>29</td><td>s. Saturnin.</td>
<td>vend</td><td>29</td><td>s. Tho. Can.</td>
</tr>
<tr>
<td>jeudi</td><td>30</td><td>s. André.</td>
<td>fame</td><td>30</td><td>s. Roger.</td>
</tr>
<tr>
<td></td><td></td><td></td>
<td>*Dim.*</td><td>31</td><td>s. Silveftre.</td>
</tr>
</table>

INTRODUCTION.

CEUX qui n'ont aucune idée du Jeu du WHISK, & qui se proposent de l'apprendre, doivent préliminairement savoir, qu'on le joue à quatre, deux contre deux, avec un jeu de cartes entier. Chacun a treize cartes en main ; on les donne une à une, en commençant par la gauche ; on suit le même ordre pour jouer, de manière que le premier en carte est à la gauche de celui qui donne.

L'objet qu'on se propose dans ce jeu, est de faire plus de levées que ses deux adversaires. Il faut avoir fait sept levées pour marquer un point : donc, on voit que ce n'est que la septième levée qui se compte, & toutes les levées que l'on fait au-dessus de iv

six valent chacune un point ; ex-
cepté néanmoins la dernière,
nommée levée impaire qui fait
compter deux points.

Dix points font un jeu ; si
vous faites dix points avant que
vos adversaires en aient fait
cinq, vous gagnez deux jeux ou
une bredouille, *qui est ce que l'on*
appelle, dans le cours de ce
Traité, partie double. *Il en est*
de même si vous faites les dix
points dans une seule main, ou
avant que vos adversaires en
aient fait un. Or, voici com-
ment cela se pourrait faire.

As, rois, dame, valet, sont
les quatre honneurs dans toutes
les couleurs : celui qui fait, re-
tourne la dernière carte qui lui
reste, & celle-là nomme la cou-
leur qui est de triomphe. Indé-
pendamment de l'avantage que
donne la possession des honneurs
en triomphe, vous marquez deux

points si vous en avez trois entre vous & votre associé, & quatre si vous les avez tous. Si chacun des deux partis en a deux, on ne marque rien.

Ainsi, pour avoir dix points dans une main avant que ses adversaires en aient un, il faut supposer que A & B jouant contre C & D, A & B ont tous les honneurs, cela leur donne 4. Il est évident qu'avec un aussi beau jeu, joint à ce qu'ils peuvent avoir d'ailleurs, ils peuvent faire au moins dix levées; ce qui les met à huit. Si C & D ne font que deux levées, & que A & B fassent la levée impaire qui est double, ils ont gagné la partie double.

Si un des deux partis fait la volte, il gagne la partie. Toutes les règles de ce Jeu, sont fort simples, & s'expliquent d'elles-mêmes en lisant ce Traité, sur-tout si on est familier avec la théorie de quelqu'autre jeu. Néanmoins pour faciliter l'intelligence de celui-ci, on trouvera dans ce Traité diverses solutions de grand nombre de cas embarassans à jouer, pour les personnes qui n'ont pas encore acquis une grande habitude avec ce jeu.

TRAITÉ

DU JEU

DU WHISK;

Contenant les Loix de ce Jeu, des Règles pour le bien jouer, divers Calculs pour en connaî- tre les chances, & la solution de plusieurs Cas embarraffans.

CHAPITRE PREMIER

Des Loix du Jeu du Whisk.

ARTICLE PREMIER.

LE jeu de Whisk fe joue entre qua- tre joueurs, deux contre deux, affociés enfemble, avec un jeu de cartes entier; chacun des joueurs a treize cartes en

A iv

main. Celui qui donne les diſtribue une à une en commençant par la gauche. On ſuit le même ordre pour jouer; de ſorte que le premier en carte eſt à la gauche de celui qui donne, & le dernier à jouer eſt à ſa droite.

II. Chaque joueur doit prendre garde qu'on lui donne treize cartes, & s'il arrivait que quelqu'un n'en eût que douze, qu'il ne s'en apperçût qu'après avoir joué pluſieurs levées, & que les trois autres joueurs euſſent leur compte juſte, la donne ſera bonne, il n'y aura de puni que celui qui aura joué avec douze cartes, parce que certainement il perdra au moins un point; mais ſi un des joueurs avait quatorze cartes, la donne ſerait nulle & celui qui aurait donné perdrait ſa donne.

III. La partie au jeu du Whisk eſt de dix points, ceux des joueurs aſſociés qui ont les premiers fait ce nombre, gagnent la partie. Il faut ſept levées pour faire compter un point; toutes les levées après la ſixième comptent un point, & la levée impaire compte deux points.

IV. Les honneurs font marquer deux points, ſi on en a trois entre ſoi & ſon aſſocié; & quatre points ſi on les a tous.

Deux honneurs ne font rien compter, parce que il y a égalité entre les deux partis.

V. S'il arrive qu'un des deux partis fasse la volte, il gagne la partie, quand même il n'aurait pas le nombre de dix points complet.

VI. Si un des deux partis faits dix points avant que l'autre parti en ait fait cinq, il gagne une partie double, ou le double de l'argent qui est sur le jeu, à moins que l'on ne convienne du contraire; de même si on fait dix points dans une main, on gagne le double du jeu, à moins que l'on ne convienne aussi du contraire.

VII. Au jeu du Whisk l'enjeu n'a jamais été limité ; mais suivant l'esprit du jeu, il doit être fourni également par chacun des quatre joueurs ; cependant il y a des sociétés où il n'y a qu'un des partis qui met l'enjeu à son tour, & même on a vu des joueurs qui le mettoient chacun à leur tour. On ne peut rien régler là dessus dans la crainte de voir violer les loix du jeu : chacun convient de cette partie comme il l'entend ; mais l'esprit du jeu en est toujours le même.

VIII. Celui qui donne doit laisser

sur la table la carte qu'il a tournée, jusqu'à ce que ce soit son tour à jouer; dès qu'il la mêlée dans sa main avec les autres, personne ne lui doit demander qu'elle carte il a retournée, mais bien qu'elle est la couleur qui est de triomphe. La conséquence qui résulte de cette loi, est que celui qui donne ne peut pas indiquer un autre carte que celle qu'il a tournée; ce qu'il pourrait aisément faire s'il lui était permis de la mêler subitement avec ses autres cartes.

IX. Si une carte du jeu se trouve retournée, celui qui donne redonnera, à moins que ce ne soit la dernière: mais si celui qui donne, donnait de droite à gauche au lieu de gauche à droite, il perdrait sa donne.

X. Aucun joueur ne doit prendre ses cartes & les relever de dessus la table pendant que l'on donne encore; il doit attendre que la carte de triomphe soit tournée.

XI. Si une carte se tourne en donnant, celui qui donne ne perd pas sa donne, mais il dépend de ses adversaires de lui faire redonner; à moins qu'ils n'en aient été la cause; car dans ce cas-là, le choix est à la volonté de celui qui donne.

XII. Chaque joueur doit mettre ses cartes devant lui ; dès que les cartes sont données, si ses adversaires mêlent leurs cartes avec les siennes : son associé est maître de demander que chacun pose ses cartes sans les voir pour trouver son compte ; si les adversaires ne le veulent pas faire, il peut demander une nouvelle donne.

XIII. Les joueurs associés doivent renger entre eux les levées qu'ils font en les disposant à demi-croisées l'une sur l'autre, afin que l'on puisse voir aisément combien chaque partie a fait de levées.

XIV. S'il arrive qu'un joueur renonce, les adversaires ajoutent deux points à ceux qu'ils ont déjà faits, & la partie qui a renoncé démarque d'un point. Ainsi dans le cas où elle aurait dix points & la partie adverse huit, ceux-ci compteraient dix, tandis que la partie qui a renoncé ne compterait plus que neuf. Il en est de même dans tel autre point où se peut trouver la partie.

XV. On ne doit point déclarer une renonce avant que la levée ne soit faite & que celui qui a renoncé ait rejoué ; si la renonce se fait sur la dernière levée de la main, elle doit être punie comme celle qui feroit faite dans le courant de la main.

XVI. Si le joueur qui a renoncé, s'apperçoit de fa renonce avant que fa carte foit couverte , ou même avant que la levée foit retournée, il peut reprendre fa carte , ainfi que fon affocié s'il le veut ; mais fes adverfaires deviennent maîtres de fon jeu & peuvent l'obliger de jouer telle carte qu'ils voudront dans la couleur qu'ils jugeront à propos de mettre fur le tapis.

XVII. La renonce ne peut fe faire que fur la couleur qui eft de triomphe; fur les autres couleurs on eft maître de faire des feintes en jouant d'autres cartes, pour dans la fuite de la main devenir maître dans la couleur fur laquelle on a fait une feinte.

XVIII. Lorfqu'un joueur joue avant fon tour , fes adverfaires peuvent lui faire jouer fa carte tant qu'ils le jugeront à propos pendant toute la main; ou fi l'un des adverfaires eft premier à jouer , il peut fe faire nommer par fon affocié les couleurs qu'il doit jouer.

XIX. Si un joueur fe croit affuré de faire toutes fes cartes fans jouer, il peut l'expofer à découvert fur la table ; mais fi par hazard il s'en trouvait une feule perdante entr'elles, il fe trouverait expofé à voir appeller toutes fes cartes.

XX. Si quelqu'un jette fes cartes à découvert fur la table croyant avoir perdu, & que fon affocié ne veuille pas donner gagné ; les adverfaires peuvent appeller telle carte qu'ils voudront dans le jeu de celui qui aura mis fon jeu à découvert fur la table.

XXI. Si quelqu'un ayant huit points appelle ; fi fon affocié lui répond, & fi les adverfaires ont jetté leurs cartes, & néanmoins qu'il paraiffe n'avoir pas deux points par les honneurs, les adverfaires peuvent fe confulter & demander une nouvelle donne.

XXII. De même fi quelqu'un répond fans avoir un honneur, la donne eft au choix des parties adverfes.

XXIII. Et fi quelqu'un appelle avant que d'avoir huit point, fes adverfaires peuvent auffi demander une nouvelle donne ; & dans ces trois cas, la donne reftera à celui qui l'avait ; par ce que fi la donne changeait, les adverfaires pour l'avoir fe détermine-

raient plus souvent à demander de nou-
velles donnes.

XXIV. On ne peut plus compter
les honneurs que l'on avait dans la
dernière donne, dès que l'on a retourné la nouvelle carte de triomphe, à
moins que l'on n'en convienne avant
de jouer.

XXV. Aucun joueur ne doit parler
à son adversaire ni même avec son associé, si ce n'est dans les cas ou situa-
tions du jeu, où les loix le demandent
ou le permettent.

XXVI. Personne ne doit deman-
der à son associé pendant le courant de
la main, s'il a joué un ou plusieurs
honneurs.

XXVII. Personne ne peut prendre
des cartes neuves au mileu de la partie
sans le consentement des trois autres
joueurs.

On pourrait ajouter encore beaucoup d'articles au chapitre des loix de
ce jeu, sans pour cela être assuré de
prévenir toutes les contestations & de
décider tous les cas qui pourraient arriver ; c'est ce qui a fait que l'on s'est
borné au petit nombre qui est ici ; étant
bien assuré que la bonne-foi & la droi-
ture naturelle aux honnêtes gens, est

fuffifante pour décider grand nombre
de pofitions fiugulières qui arrivent
dans toutes fortes de jeux, lefquelles
ordinairement s'abandonnent à l'ar-
bitrage des témoins qui peuvent avoir
vu l'incident du jeu.

CHAPITRE II.

*Calculs qui enfeignent avec une certi-
tude morale, comment il faut jouer
un jeu, ou une main, en démontrant,
quelle chance il y a, que votre affocié
ait une, deux ou trois cartes d'une
certaine couleur dans fa main.*

(NB) AVANT toutes chofes, il eft
bon d'obferver que ceux qui veulent
tirer quelque fruit de la lecture de ce
traité, doivent exactement fe mettre au
fait des carculs fuivans, fur lefquels
le raifonnement de tout ce traite eft
fondé : & afin de ne pas trop charger
la mémoire, il fuffira de retenir feulement ceux qui font marqués d'un (NB.)

Par exemple. Vous voudriez favoir
quelle chance il y a, que votre affocié ait une certaine carte dans fa main ?

RÉPONSE.

Il y a.... contre lui, pour lui.
N B. Il y en a qu'il ne l'a pas   2 à

II. Vous voudriez savoir quelle
la chance qu'il a deux cartes d'une certaine couleur dans sa main ?

RÉPONSE.

Il y a... contre lui, pour lui.
Qu'il n'en a qu'une
seule , il y a ...   31 à
Qu'il n'a ni l'une
ni lautre ....   17 à
N B. Mais qu'il en a
une ou toutes les deux
la chance est autour }   25 à
de 5 à 4 ou ......

Vous voudriez aussi savoir quelle
chance il y aurait de lui supposer dans
son jeu trois cartes d'une certaine couleur ?

RÉPONSE.

Il y a... pour lui, contre lui.
Qu'il n'en a qu'une
est comme 325 pour }
lui, 378 contre lui, }   6 à
autour de ....

pour lui contre lui.

Qu'il n'en a pas 2, il y a 156 pour lui, à 547 contre lui au au-tour de . . . . }	2 à 7
Qu'il ne les à pas toutes trois, il y a 22 pour lui, à 681 con-tre lui, ou autour de }	1 à 31
Mais qu'il en ait une ou deux, il y a 481 pour lui à 222 contre lui, ou autour de . . . . }	13 à 6
N B. Et qu'il ait 1, 2 ou toutes les trois, est une chance de . . . }	5 à 2

Explication & application de ces cal-culs, que tous ceux qui veulent pro-fiter de ce Traité doivent absolument savoir.

PREMIER CALCUL.

IL y a deux à parier contre un, que votre associé n'a pas une certaine carte supposée.

Pour apliquer ce calcul, suppoſon
que votre adverſaire du côté droit
joue une couleur de laquelle vous n'a
vez que le roi accompagné d'une petit
carte, vous pouvez juger qu'il y a à
parier deux contre un, que votre ad
verſaire du côté gauche ne pourra fair
la levée, ſi vous mettez votre roi.

Suppoſons encore que vous ayez
le roi & trois petites cartes d'une cou
leur & de plus la dame, & trois petit
cartes d'une autre; quelle ſera la cou
leur qu'il faudra jouer? il faudra joue
celle où vous avez le roi, parce qu'il
y a à parier deux contre un que l'as
n'eſt pas derrière la main; au lieu qu'il
y a cinq contre quatre, que l'as ou le
roi d'une couleur ſont derrière vous,
& que par conſéquent, vous vous feriez
du tort en jouant la couleur qui com
mence par la dame.

II. Calcul.

Il y a pour le moins cinq à parier
contre quatre que de deux cartes, une
de quelle couleur que ce ſoit, ſe trou
ve dans le jeu de votre aſſocié; vos
adverſaires à droite & à gauche, peu
vent compter de leur côté ſur la même
chance: ainſi, poſons en fait que vous
ayez deux honneurs dans une couleur

(N B.) les honneurs font l'as, le roi,
la dame, le valet; & fachant qu'il
y a à parier cinq contre quatre que
votre affocié tient dans fa main un des
deux autres honneurs reftans, vous
pouvez jouer votre jeu au moyen de
cette certitude, avec beaucoup plus
d'affurance.

Suppofons encore que vous n'ayez
que la dame & une carte de fa couleur,
& que votre adverfaire à main droite
joue de cette couleur; fi vous pofez la
dame fur fa carte, il y a cinq à quatre
que votre adverfaire à main gauche gagnera; ainfi vous joueriez à votre défavantage dans la même proportion de
cinq à quatre.

III. CALCUL.

Il eft comme cinq à deux que votre
affocié tient une de ces trois cartes
d'une certaine couleur.

Ainfi, fuppofez que vous ayez le valet & une petite carte d'une couleur,
& que votre adverfaire à main droite,
joue une carte de cette même couleur,
il y a à parier cinq contre deux que
votre adverfaire à gauche tient, ou l'as
ou la dame, ou le roi de la même couleur : ainfi vous vous feriez du tort
dans la même proportion de cinq à deux

fi vous pofiez votre valet fur la carte
jouée. Obfervez en outre qu'en décou-
vrant ainfi votre jeu à votre adverfaire
du côté droit, il employera toutes
fortes de rufes pour tromper votre affocié tant qu'on jouera la même couleur.

Pour mieux vous convaincre de la
néceffité qu'il y a de jouer toujours
les plus baffes cartes d'une féquence
dans quelle couleur que ce foit, fuppofons que votre adverfaire joue une
couleur de laquelle vous avez en main
le roi, la dame, le valet, ou la dame, le valet & le dix : fi vous mettez
le vallet de la féquence compofée de
roi, dame, valet, vous fourniffez à
votre affocié les moyens de pouvoir
calculer les chances qu'il y a pour ou
contre lui dans la même couleur ; &
il en eft de même de toutes les autres
où vous avez des féquences.

Prouvons encore l'ufage qu'on peut
faire de ce calcul par un autre exemple ; & fuppofons pour cette fin que
vous ayez en main l'as le roi & deux
petits triomphes, avec une quinte
majeure, on cinq autres des plus fortes cartes dans quelle couleur que ce
foit, que vous ayez joué deux fois

atout, & que tout le monde en ait
fourni ; dans ce cas, il y aura huit
triomphes sur la table, deux resteront
entre vos mains, ce qui fait dix en
tout ; il en restera encore trois qui se
trouveront partagés entre les autres
trois joueurs ; il y a une chance de
cinq à deux en votre faveur que votre
associé en a un, ainsi il est à présumer
que vous ferez cinq levées avec les sept
cartes qui vous restent.

*Quelques calculs pour parier son argent
au Jeu du Whisk.*

AVEC LA DONNE.

La donne vaut	21 à	20
1 Love (ou un, cinq, six à rien).	11 à	10
2	5 à	4
3	3 à	2
4	7 à	4
5 est 2 à 1 du jeu & un de la bredouille ou partie double.	2 à	1
6	5 à	2
7	7 à	2
8	5 à	1
9 est autour de . .	9 à	2

AVEC LA DONNE.

2	à 1 . . . font	9	à	8
3	à 1 . . .	9	à	7
4	à 1 . . .	9	à	6
5	à 1 . . .	9	à	5
6	à 1 . . .	9	à	4
7	à 1 . . .	3	à	1
8	à 1 . . .	9	à	2
9	à 1 autour de .	4	à	1

AVEC LA DONNE.

3	à	2	. . .	font	8	à	7
4	à	2	. . .		4	à	3
5	à	2	. . .		8	à	5
6	à	2	. . .		2	à	1
7	à	2	. . .		8	à	3
8	à	2	. . .		4	à	1
9	à	2	autour de		7	à	2

AVEC LA DONNE

4	à	3	. . .	font	7	à	6
5	à	3	. . .		7	à	5
6	à	3	. . .		7	à	4
7	à	3	. . .		7	à	3
8	à	3	. . .		7	à	2
9	à	3	autour de		3	à	1

AVEC LA DONNE.

5	à	4	. . .	font	6	à	5
6	à	4	. . .		6	à	4
7	à	4	. . .		2	à	1
8	à	4	. . .		3	à	1
9	à	4	autour de		5	à	2

AVEC LA DONNE.

6	à	5	. . . .	font	5	à	4
7	à	5	. . . .		5	à	3
8	à	5	. . . .		5	à	2
9	à	5	autour de		2	à	1

AVEC LA DONNE.

7	à	6	. . . .	font	4	à	3
8	à	6	. . .		2	à	1
9	à	6	autour de		7	à	4

AVEC LA DONNE.

8	à	7	eſt au-delà de . .	3	à	2
9	à	7	autour de . . .	12	à	8

Huit à neuf eſt ſuivant la meilleur ſupputation qu'on en ait fait juſqu'ici, autour de trois & demi pour cent en faveur de huit avec la donne ; la chance ne laiſſe pas que d'être en faveur de huit, quoiqu'elle ne ſoit que petite ſans donne.

CHAPITRE

CHAPITRE III.

Explication de quelques termes, ou mots techniques, employés dans le cours de de ce Traité.

APPELLER LES HONNEURS.

APPELLER les honneurs, se dit dans les cas pareils au suivant. Un joueur a marqué huit points : il a en main deux honneurs : plutôt que de jouer, il demande à son associé s'il en a un ; & dans le cas où ce dernier en auroit un, il gagne le jeu ; parce que trois honneurs valent deux points. Voilà ce qu'on entend par appeller les honneurs.

BREDOUILLE.

Bredouille n'est autre chose qu'une partie double. On gagne une bredouille, si on marque dix points avant que ses adversaires en aient marqué cinq, ou si on peut faire les dix points dans une seule main, ou avant que les adversaires en aient marqué un. Il y a des personnes qui regardent ces deux derniers cas comme des jeux de Rober,

B

ou jeu triple ; mais ordinairement ces deux bredouilles , quoique doubles , ne valent chacune qu'une partie double.

DERNIER EN ATOUT.

On se trouve dernier en atout quand on en tient encore un ou plusieurs , lorsque tous les autres sont tombés.

DEMANDER UNE CARTE.

On demande un carte de force à un joueur, que les loix du jeu ont, pour quelque faute, soumis à cette peine : dans ce cas, ses adversaires peuvent lui faire jouer la carte qu'il veulent , pourvu qu'ils ne le fassent pas renoncer.

FINASSER OU FEINTE.

La feinte est un moyen dont se sert un joueur habile, pour faire son avantage. Elle consiste en ceci : quand on vous joue une carte d'une couleur dont vous avez la première & la troisième , vous jugez qu'il vaut mieux mettre votre troisième sur cette carte , & courir le risque que votre adversaire ait la seconde : sur quoi il y a deux à parier contre un qu'il ne l'a pas , & que vous pouvez gagner par ce moyen une levée.

FORCER.

C'est un moyen d'obliger votre associé ou votre adversaire de couper une couleur dont il n'a pas. Les divers cas répandus dans ce Traité, indiquent dans quelles occasions il est avantageux ou désavantageux de forcer l'un ou l'autre.

GANER.

C'est ne pas prendre une carte quand on le peut, & la laisser passer pour de bonnes raisons ; toutefois sans faire une renonce.

HONNEURS.

Les honneurs sont les quatre premières cartes de chaque couleur. As, roi, dame, valet sont les quatre honneurs.

LEVE'E IMPAIRE.

La levée impaire & la troisième levée de la main ; elle est fort avantageuse à celui qui la fait, en ce qu'elle en vaut deux ; & qu'elle lui fait compter deux points. On trouve dans ce Traité divers moyens pour se la procurer.

MARQUES.

Sont les signes dont on se sert pour
marquer l'état de son jeu. Chaque
joueur a ses marques.

NAVETTE.

On fait la navette lorsque chacun des
associés coupe une couleur ; & que
chacun d'eux rejoue à son associé celle
de laquelle il coupe.

POINTS.

Est ce qui forme le jeu : dix points
font le jeu : on les marque à raison
des levées que l'on fait, des honneurs
que l'on a entre soi & son associé, &
des renonces que les adversaires peuvent faire.

QUATRIEME.

Est en général une séquence de quatre cartes qui se suivent immédiatement. Dans la même couleur, une
quatrième majeure est une suite ou
séque ce de l'as, du roi, de la dame
& du valet, & ainsi des autres.

QUINTE.

Une quinte est une séquence de cinq

cartes qui se suivent immédiatement dans la même couleur. On trouve dans plusieurs endroits de ce Traité des instructions très-étendues ; qui apprennent comment on doit jouer toutes sortes de quintes, de quatrièmes & de tierces , &c.

REBOURS.

On dit jouer à rebours, quand on joue d'une façon opposée à celle qui doit s'observer ordinairement. Comme par exemple : si étant fort en triomphes , vous jouiez comme si vous étiez foible , cela s'appelleroit jouer à rebours.

ROBER.

On entend par le rober un jeu triple, ou les cas où l'on auroit gagné trois fois le jeu. Ceux qui adoptent le rober, le gagnent , quand de trois jeux ils en ont gagné deux, ou quand ils ont pu faire dix points dans une seule main ; ou avant que leurs adversaires en aient marqué un. Nous avons déjà dit que cela était arbitraire , & que ces cas étaient ordinairement regardés comme des bredouilles , ou parties doubles.

TENAILLE.

Avoir la tenaille dans une couleur, c'eſt en avoir la première, la troiſième, & être le dernier à jouer : dans ce cas, vous pouvez aiſément épier vos adverſaires, quand ils vous joueront de cette couleur. Par exemple : vous avez l'as & la dame d'une couleur dont vos adverſaires jouent, comme vous êtes dernier à jouer, vous pouvez ſûrement faire deux levées. Il en ſera de même des autres tenailles inférieures.

TIERCE.

Eſt en général une ſéquence de trois cartes qui ſe ſuivent immédiatement dant une même couleur, &c.

Il y a encore eu bien d'autres termes techniques, même tout anglais qui ont été de mode & qui ont été abandonnés parce qu'ils ne prouvaient rien autre choſe, ſinon que le jeu avait été inventé chez l'étranger. Nous n'en parlons point ici, & même nous avons ſupprimé ceux qui ſe trouvaient dans les premiéres Editions, parce que nous avons cru qu'un mot François était auſſi élégant qu'un mot Anglais, encore ſouvent mal prononcé,

CHAPITRE IV.

De la valeur que doivent avoir les cartes, au Jeu du Whisk.

NOUS avons déjà dit que l'on jouait avec un jeu complet de cinquante-deux cartes, que la carte de la retourne, décidait la couleur de triomphe. Il reste à présent à expliquer la valeur & le rang de chaque carte en particulier.

1º. L'as qui prend le roi.

2º. Le roi qui prend le dame.

3º. La dame qui prend le valet.

4º. Le valet qui prend le dix.

Ce font ces premières cartes que l'on nomme les honneurs. Il y a des honneurs en triomphes, & de fimples honneurs qui ne font pas de triomphe.

5º. La dix prend le neuf; & ainfi des autres cartes qui font fubordonnées à celle d'un nombre des points fupérieurs.

S'il arrivait que tous les triomphes fuffent tombés, les cartes qui refteraient entre les mains des joueurs, auraient entre elles le même rang que nous venons d'expliquer pour celles de triomphe.

Mais si quelqu'un avait encore un petit atout, comme serait le deux de triomphe, qu'il le jettât (& ce, à cause qu'il n'a point de la couleur demandée) le deux de triomphe prendrait la plus forte carte qui n'est pas triomphe, & ainsi du reste.

S'il arrivait qu'un joueur n'ait ni de la couleur demandée, ni aucun atout ou triomphe, il est hors de cas, & il est maître de jouer ce qu'il veut, ou ce qu'il a.

Il est à remarquer que, lorsque les joueurs (avant de commencer la partie) tirent les cartes, pour trouver ceux qui seront associés ensemble, l'as perdant sa valeur, se trouve après le deux, & n'est compté que pour un point.

CHAPITRE V.

Mémoire artificielle, ou Méthode aisée pour soulager la mémoire de ceux qui jouent au Whisk.

ARTICLE PREMIER.

RANGEZ c'aque couleur comme il faut dans votre main, les plus mauvaises à gauche, & les meilleures à droite : dans leur ordre naturel ; faites-en autant des triomphes, que vous placerez à gauche de toutes les autres couleurs.

II. Si dans le courant du jeu vous vous appercevez que vous avez la meilleure carte qui reste dans une couleur, mettez-la à gauche de vos triomphes.

III. Et si vous trouvez que vous avez la meilleure moins une, d'une couleur dont il faut vous ressouvenir, mettez-la à droite de vos triomphes.

IV. Et si vous avez la troisième bonne carte d'une couleur, dont il faut vous ressouvenir, mettez une

petite de ladite couleur entre les triom
phes ; & cette troisième meilleure
à la droite des triomphes.

V. Pour vous ressouvenir de la meil
leure couleur dans laquelle votre as
socié est entré , placez-en une peti
te au milieu de vos triomphes ; & si
vous n'en avez qu'un seul , à gau
che.

VI. Si vous donnez , mettez la car
te que vous avez tournée , à la droite
de tous les autres , & ne vous en dé
faites que le plus tard que vous pour
rez , afin que votre associé puisse sen
tir que cette carte vous reste , & jouer
en conséquence.

VII. Pour trouver quand les ad
versaires renoncent dans une couleur,
& dans laquelle c'est.

Supposé que les couleurs que vous
avez placées à droite , vous représen
tent vos adversaires dans l'ordre où
ils se trouvent au jeu , à droite &
gauche.

Si vous soupçonnez que l'un d'eux
renonce dans une couleur , mettez
une petite carte de ladite couleur
parmi celles qui représentent cet ad
versaire. Par ce moyen , vous vous
ressouviendrez non-seulement qu'on

renoncé, mais vous saurez aussi qui l'a fait & dans quelle couleur.

S'il arrive que la couleur qui représente l'adversaire soit la même dans laquelle on a renoncé, changez-la contre un autre, & mettez dans celle-ci, au milieu, une petite carte de la couleur à laquelle on a renoncé, & si vous n'en avez point, mettez-y une autre carte à rebours, n'importe de quelle couleur qu'elle soit, à l'exception des careaux seulement.

VIII. Ayant trouvé le moyen de vous reſſouvenir de la couleur dans laquelle votre aſſocié eſt entré le premier, vous pouvez pareillement vous rafraîchir la mémoire ſur celles de vos adverſaires, en mettant la couleur par laquelle ils ſont entrés, à la place qui repréſente dans votre main vos adverſaires, à droite & à gauche; & au cas que vous euſſiez déjà pris d'autres couleurs pour les repréſenter, changez celles-ci contre celles dans leſquelles chacun des adverſaires eſt entré.

Il faut ſe ſervir de cette méthode, quand il eſt plus eſſentiel de ſe reſſouvenir de la première entrée en jeu des adverſaires, que de chercher la couleur dans laquelle ils ont renoncé.

CHAPITRE VI.

*Quelques Règles générales qui font
essentielles a obferver.*

ARTICLE PREMIER.

Dès que c'eft à vous à jouer; commencez par la couleur dont vous avez le plus grand nombre en main. S vous avez une féquence de roi, dame & valet, ou de la dame, du valet & du dix, vous devez les confidérer comme de bonnes cartes pour entrer en jeu ; elles vous feront immanquablement tenir la main, ou à votre affocié dans d'autres couleurs. Commencez par la plus haute de la féquence, à moins que vous n'en ayez cinq; dans ce cas-là, jouez la plus petite (excepté en triomphe où il faut toujours jouer la plus haute) afin d'engager votre adverfaire à mettre l'as ou le roi : par ce moyen, vous feriez paffer votre couleur.

II. Si vous avez cinq des plus petits triomphes , & point d'autres bonnes cartes carte dans une autre couleur , jouez atout ; cela opèrera du moins que votre associé jouera le dernier , & tiendra par conséquent la main.

III. Si vous avez seulement deux petits triomphes avec l'as & le roi de deux autres couleurs , & une renonce dans le quatrième ; faites sur le champ autant de levées que vous pouvez ; & si votre associé a renoncé dans une de vos couleurs , ne le forcez point , parce que cela pourrait trop affaiblir son jeu.

IV. Vous ne devez que rarement rejouer la même couleur que votre associé a jouée , dès que vos cartes vous fournissent quelque bonne couleur , à moins que ce ne soit pour achever de gagner une partie , ou pour empêcher de la perdre. On entend par une couleur , lorsque vous avez une séquence de roi , dame & valet , ou de la dame , du valet & du dix.

V. Si vous avez chacun cinq levées & que vous soyez assuré d'en faire encore deux par vos propres cartes , ne négligez point de les faire , dans l'espérance de marquer deux points sur cette donne ; parce que si vous perdiez la levée impaire , cela vous ferait

C

une différence de deux, & vous joueriez à votre désavantage dans la proportion de deux à un.

Il y a cependant une exception à cette règle, lorsque vous voyez une probabilité à pouvoir ou sauver la partie double, ou gagner le jeu : dans l'un ou l'autre de ces cas, il faut risquer pour avoir la levée impaire.

VI. Si vous voyez quelque probabilité à pouvoir gagner le jeu, il ne faut point balancer de hasarder une ou deux levées, parce que l'avantage qu'une nouvelle donne procurerait à votre adversaire, sur la mise, irait au-delà des points que vous risquez de cette façon.

Ce cas se rapporte aux Chapitres VI. & VII. cas 1, 2, 3, 4, 5, 6.

VII. Si votre adversaire a fait six ou sept points à rien, & que vous soyez le premier à jouer, vous devez absolument risquer une levée ou deux, afin de rendre par-là, le jeu égal ; ainsi si vous avez la dame ou le valet & un autre triomphe, & point de bonnes cartes d'un autre couleur, jouez votre dame ou votre valet de triomphe. Par ce moyen, vous renforcerez le jeu de votre associé, s'il est fort en triomphe,

& vous ne lui cauferez point de préjudice au cas qu'il y foit faible.

VIII. Si vous avez quatre points,
il faut faire en forte de gagner la levée impaire, parce que vous vous
procurez par-là la moitié de la mife;
& afin que vous foyez fûr de gagner
la levée impaire, il faut faire atout
avec précaution, quoique vous foyez
fort en triomphe. Nous entendons
par être fort en atout, lorfqu'on a
un honneur & trois triomphes.

IX. Si vous avez neuf points de la
partie, & que vous foyez encore
fort en triomphe, fi vous remarquez
qu'il y a quelque apparence que votre
affocié puiffe couper quelques-unes
des couleurs que votre adverfaire a
en main, ne jouez pas atout; mais
faites en forte que votre affocié puiffe
parvenir à couper. Par exemple, fi
votre jeu eft marqué un, deux ou cinq,
il faut jouer à rebours pour aller à
cinq, fix ou fept, parce que dans ces
deux derniers cas, vous jouez pour
quelque chofe de plus qu'un point.

X. Si vous êtes dernier à jouer,
& que vous trouviez que le troifième
joueur ne puiffe pas mettre une bonne carte dans la couleur que votre

affocié a jouée , & que vous n'ayez pas beau jeu vous-même , jouez encore la même couleur , afin de faire tenir la levée à votre affocié (*Tenaille*). Cela oblige fouvent l'adverfaire à changer de couleur , & fait gagner la levée dans la nouvelle couleur choifie.

XI. Si vous avez l'as, le roi, & quatre petits triomphes , jouez un petit, parce qu'on peut parier que votre affocié a un meilleur triomphe que celui du dernier joueur : fi cela eft ainfi, vous pouvez faire trois fois atout finon vous ne pouvez pas les faire tomber tous.

XII. Si vous avez l'as, le roi, le valet & trois petits en triomphes, commencez par le roi & jouez enfuite l'as, à moins qu'un de vos adver- faires ne renonce, parce que la chan- ce eft pour vous, que la dame tom- bera.

XIII. Si vous avez le roi, la dame & quatre petits en triomphe , commen- cez par un petit, parce que la chan- ce eft pour vous, que votre affocié a un honneur.

XIV. Si vous avez le roi, la dame, le dix & trois petits en triomphe , commencez avec le roi, parce que vous avez une belle chance que le valet tombera au second tour, où vous pourrez tirer parti par finesse de votre dix, en l'employant quand votre associé vous jouera atout.

Cela se rapporte au Chapitre VIII. cas 1, 2, 3.

XV. Si vous avez la dame, le valet & quatre petits triomphes, commencez par un petit, parce que la chance est en votre faveur, que votre associé a un honneur.

XVI. Si vous avez la dame, le valet, le neuf & trois petits triomphes, commencez avec la dame, parce que vous avez une belle chance que le dix tombera au second tour, où vous pourrez tirer parti de votre neuf, en faisant quelques feintes.

Cela se rapporte au Chapitre VIII. cas 1, 2, 3.

XVII. Si vous avez le valet, le dix & quatre petits de triomphe, commencez par un petit, par les raisons indiquées au n°. 15.

XVIII. Si vous avez le valet, le dix, le huit & trois petits en triomphe, commencez par le valet, afin d'empêcher que le neuf ne fasse sa le

vée ; la chance eſt en votre faveur ;
que les trois honneurs tomberont, en
faiſant deux fois atout.

XIX. Si vous avez ſix triomphes
d'une plus baſſe claſſe, il faut commencer par le plus bas, à moins que
vous n'ayez le dix , le neuf & le huit,
& que votre adverſaire ait tourné
un honneur : dans ce cas , ſi vous êtes
obligé de paſſer en revue, à cauſe
de l'honneur, commencez par le dix,
parce que vous forcerez votre adverſaire de mettre l'honneur à ſon préjudice , ou du moins, vous donnerez
le choix à votre aſſocié de laiſſer paſſer ſa carte ou non.

XX. Si vous avez l'as, le roi, &
trois petits en triomphe , commencez
par un petit , par les raiſons indiquées
au n°. 15.

XXI. Si vous avez l'as, le roi & le
valet, accompagnés de deux petits en
triomphe, commencez par le roi, parce
que cela doit moralement apprendre
à votre aſſocié que vous avez encore
l'as & le valet en main : & en faiſant
qu'il tienne la main, il jouera ſans
contredit un triomphe. Ayant fait
cela , vous devez à votre tour faire
une feinte avec le valet : ce jeu eſt

immanquable, à moins que la dame ne se trouve seule derrière vous.

Cela se rapporte au Chapitre VIII. cas 1, 2, 3.

XXII. Si vous avez le roi, la dame & trois petits de triomphe commencez par un petit, par les raisons de n°. 15.

XXIII. Si vous avez le roi la dame le dix, & deux petits en triomphe, commencez par le roi, par les raisons de n°. 21.

XXIV. Si vous avez la dame, le valet & trois petits de triomphe, commencez par un petit, par les raisons de n°. 15.

XXV. Si vous avez la dame, le valet, le neuf & deux petits en triomphe, commencez par la dame, par les raisons de n°. 16.

XXVI. Si vous avez le valet, le dix & trois petits de triomphe, commencez par un petit, par les raisons de n°. 15.

XXVII. Si vous avez le valet, le dix, le huit & deux petits triomphes, commencez par le valet ; parce que la chance dicte que le neuf tombera dans deux tours, où vous pourrez faire une feinte avec votre huit, si

votre affocié vous fait un retour en
triomphe.

XXVIII. Si vous avez cinq triomphes d'une plus baffe claffe , le meilleur parti fera de commencer à jouer
par le plus bas à moins que vous n'ayez
une féquence de dix , neuf & huit ;
dans ce cas , il faut entrer en jeu par
la plus haute de la féquence.

XXIX. Si vous avez l'as , le roi ,
le valet & un petit en triomphe ,
commencez par le roi , par les raifons
indiquées n°. 21.

XXX. Si vous avez l'as , le roi &
deux petits de triomphe , commencez
par un petit , pour les raifons de
n°. 15.

XXXI. Si vous avez le roi , la dame
& deux petits en triomphe , commencez par un petit , par les raifons de
n°. 15.

XXXII. Si vous avez le roi , la
dame , le dix & un petit en triomphe , commencez par le roi , & attendez
jufqu'à ce que votre affocié vous
ait rejoué triomphe , alors faites une
feinte avec le dix pour gagner le valet.

XXXIII. Si vous avez la dame ,
le valet , le neuf & un petit en triomphe , commencez par la dame , afin

d'empêcher par-là, que le dix ne fasse
sa levée.

XXXIV. Si vous avez le valet, le dix & deux petits en triomphe, commencez par un petit, à cause de ce qui a été dit, n°. 15.

XXXV. Si vous avez le valet, le dix, le huit, & un petit de triomphe, commencez avec le valet, afin d'empêcher que le neuf ne fasse sa levée.

XXXVI. Si vous avez le dix, le neuf, le huit & un petit de triomphe, commencez avec le dix, parce que vous laissez par-là le choix à votre associé de forcer sur votre carte s'il le veut.

XXXVII. Si vous avez le dix & trois petits triomphes, commencez par un petit.

CHAPITRE VII.

Quelques Règles particulières qu'il faut observer.

ARTICLE PREMIER.

SI vous avez l'as, le roi & quatre petits triomphes, accompagnés d'une bonne couleur, il faut faire trois fois de suite atout, sans quoi on pourrait vous couper la couleur que vous portez.

II. Si vous avez le roi, la dame & quatre petits en triomphe, & en outre une bonne couleur, joüez atout du roi, parce que vous pourrez faire trois fois atout, quand vous serez premier à jouer.

III. Si vous avez le roi, la dame le dix & trois petits triomphes, avec une bonne couleur, faites atout du roi, dans l'espérance que le valet tombera au second tour : ne vous amusez pas à faire une feinte avec le dix, de peur qu'on ne vous coupe la forte couleur que vous portez.

IV. Si vous avez la dame, le valet

& trois petits en triomphe, avec une autre bonne couleur, jouez atout d'un petit.

V. Si vous avez la dame, le valet, le neuf & deux petits triomphes, avec une autre bonne couleur, jouez atout de la dame, dans l'espérance que le dix tombera au second tour : ne vous amusez pas à faire une feinte avec le neuf; mais jouez atout une seconde fois, par les raisons indiquées dans les trois premiers cas de ce chapitre.

VI. Si vous avez le valet, le dix, trois petits triomphes, & une autre bonne couleur, faites atout d'un petit.

VII. Si vous avez le valet, le dix, le huit & deux petits en triomphe, avec une autre bonne couleur, faites atout du valet dans l'espérance que le neuf tombera au second tour.

VIII. Si vous avez le dix, le neuf, le huit & un petit en triomphe, avec une bonne couleur, jouez atout du dix.

C vj

CHAPITRE VIII.

Quelques Jeux particuliers, & la façon avec laquelle il les faut jouer.

ARTICLE PREMIER.

SUPPOSEZ que vous soyez premier à jouer, & que votre jeu soit composé des cartes suivantes, du roi, de la dame, du valet d'une couleur ; de l'as, du roi, de la dame & de deux petites cartes d'un autre ; du roi & de la dame d'une troisième, & de trois triomphes il faut commencer par l'as de la meilleure couleur de votre jeu, parce que cela sert d'avertissement à votre associé que vous êtes maître dans cette couleur ; mais il ne faut pas continuer avec le roi de ladite couleur ; il faut faire atout : & si vous voyez que votre associé n'est pas assez fort pour vous seconder en triomphe, & que votre adversaire attaque votre couleur faible, c'est-à-dire, celle de laquelle vous n'avez que le roi & la dame, jouez le roi de votre

meilleure couleur : & au cas que vous
remarquiez qu'un de vos adverſaires
puiſſe la couper , continuez à jouer
celle où vous avez le roi , la dame
& le valet. Et s'il arrivait que vos
adverſaires n'entraſſent point dans
votre couleur la plus faible , dans ce
cas , (quoique votre aſſocié ne puiſſe
pas vous ſeconder en triomphe)
continuez d'en jouer tant que vous
ſerez premier : en voici la raiſon.
Par ce moyen , ſuppoſé que votre aſſocié n'ait que deux triomphes , &
que chacun de vos adverſaires en ait
quatre, il eſt certain qu'en faiſant
trois fois atout, il n'en reſtera plus
que deux contre vous.

I I.

Premier à jouer.

SUPPOSEZ que vous ayez l'as,
le roi , la dame & un petit en triomphe , avec une ſéquence du roi , ou
cinq cartes dans une autre couleur,
& quatre autres fauſſes ; commencez
à jouer la dame de triomphe , & continuez avec l'as : cela indiquera à votre

associé que vous portez le roi ; & comme ce serait très-mal jouer que de faire atout une troisième fois, jusqu'à ce que vous puissiez faire passer la grande couleur que vous avez encore en main, en vous arrêtant ainsi tout court, vous donnez un signe certain à votre associé, qu'il ne vous reste que le roi & un seul triomphe ; parce que si vous aviez l'as, le roi, la dame & deux triomphes de plus, vous ne pourriez pas vous faire tort en jouant atout du roi pour la troisième fois.

Si vous jouez votre séquence, commencez par la plus basse carte, parce que votre associé y mettra l'as s'il l'a, & vous facilitera par-là le moyen de pouvoir jouer les autres : & lorsque vous aurez mis votre associé en état d'entrer dans votre jeu, il vous jouera certainement un triomphe dès qu'il sera premier à jouer, pourvu qu'il lui en reste encore un ou deux, puisqu'il doit poser en fait que votre roi enlevera tous les triomphes de vos adversaires.

I I I.

Second à jouer

SUPPOSEZ que vous ayez l'as, le roi & deux petits triomphes, avec une quinte majeure dans une autre couleur, que vous ayez trois petites cartes d'une autre & une feule de la quatrième. Suppofez encore que votre adverfaire du côté droit commence par jouer l'as de la couleur dont vous n'avez qu'une carte, & qu'il continue enfuite de jouer le roi, dans ce cas, ne le coupez point, mais jettez une carte fauffe : s'il continue encore la dame, rejouez de rechef une fauffe ; & faites-en de même au quatrième tour, dans l'efpérance que votre affocié pourra couper, lequel dans ce cas vous jouera un triomphe, ou entrera dans votre couleur forte. Si on joue en triomphe, jouez-en deux fois & enfuite votre couleur forte : par ce moyen, fi par hafard un de vos adverfaires a quatre triomphes ; & l'autre deux, ce qui n'arrive que rarement, puifque votre affocié eft cenfé avoir trois triomphes des neuf,

& que vos adversaires n'en doivent
naturellement avoir que six, votre
couleur forte, force les meilleurs
triomphes ; il y a donc de la probabilité que vous pouvez faire seul la
levée impaire ; au lieu que si vous
aviez coupé une des plus fortes cartes de vos adversaires, vous auriez
si fort affaibli votre jeu, qu'il vous
aurait été impossible de faire plus de
cinq levée, sans l'assistance de votre
associé.

I V.

Supposez que vous ayez l'as,
la dame & trois petits en triomphe,
l'as, la dame, le dix & le neuf d'une
autre couleur, avec deux petites cartes dans chacune des deux autres, &
que votre associé joue dans la couleur où vous avez l'as, le valet, le
dix & le neuf ; comme cette façon de
jouer demande plutôt que vous trom-
piez vos adversaires que de mettre
votre associé au fait de votre jeu,
ne posez que votre neuf, parce que
vous engagerez par-là votre adversaire
à jouer un triomphe dès qu'il aura
gagné cette carte. Aussi-tôt qu'il au-

ra joué triomphe, faites aussi atout de votre plus fort, afin que vous soyez maître de la main : au cas que votre adversaire ait joué un triomphe, il est très-probable qu'il tombera dans celle de votre associé, supposant qu'elle doit être partagée entre lui & le sien. Si cette feinte vous réussit, elle vous sera très avantageuse ; & il n'est presque pas probable qu'elle vous puisse être préjudiciable.

V.

Supposez que vous ayez l'as, le roi & trois petits triomphes, avec une quatrrième du roi & deux petites cartes d'une autre couleur, & une petite carte de chacune des deux autres & que votre adversaire joue une couleur dans laquelle votre associé porte la quatrième-majeure ; que celui-ci y mettre le valet & joue ensuite l'as, vous renoncerez à cette couleur, & vous jouerez une fausse ; si votre associé jouait le roi, votre adversaire à droite le couperait (par exemple) avec le valet ou le dix ; dans ce cas-là ne le surcoupez point, parce que vous courez risque de perdre deux ou trois levées en affaiblissant votre

jeu ; mais s'il jouait au contraire dan
la couleur dont vous n'avez pas, cou
pez alors, & jouez la plus baſſe
votre ſéquence, afin d'attirer l'as, n'in
porte que ce ſoit votre aſſocié ou vom
adverſaire qui l'ait ; cela étant fait
auſſitôt que vous tiendrez la main
jouez deux fois triomphe, & enſuit
votre forte couleur. Si vos adverſai
res, au lieu de vous attaquer p
votre foible, jouaient en trion
phe, coutinuez d'en jouer deux fois
à votre tour, & rentrant de-là dan
votre couleur, tâchez d'en reſter
maître. Cette méthode, quoique bon
ne, n'eſt que rarement employée.

CHAPITRE IX.

Quelques obſervations qu'il faut fair
par rapport à certains Jeux, po
s'aſſurer que votre aſſocié n'a plus
la couleur que vous lui avez jouée.

PREMIER EXEMPLE.

Par une couleur dont vous avez

SUPPOSEZ que vous commenciez
à jouer par une couleur dont vousavez

la dame, le dix, le neuf & deux petites cartes, de quelque couleur que ce soit, que celui qui vous suit mette le valet, & votre associé le huit ; dans ce cas, puisque vous avez la dame le dix & le neuf, c'est une marque certaine (pour peu qu'il soit joueur) qu'il n'en n'a plus de cette couleur : ainsi dès que vous avez fait cette découverte, il faut que vous jouiez en conséquence, ou en le forçant à couper, si vous êtes fort en triomphe, ou en jouant quelqu'autre couleur.

II. Exemple.

Supposez que vous ayez le roi, la dame & le dix d'une couleur, si vous jouez votre roi, & que votre associé y fournisse le valet, c'est une marque qu'il n'en a plus de cette couleur.

III. Exemple.

Différent des précédens.

Supposez que vous ayez le roi, la dame & plusieurs autres d'une couleur, & que vous commenciez à jouer par le roi, dans ce cas, votre associé, s'il n'a que l'as & une petite carte dans cette couleur, jouera fort bien en coupant votre roi de son as; car mettant pour un moment qu'il soit fort en triomphe, en prenant le roi avec l'as, il se met en état de pouvoir faire atout; & dès qu'il a fait tomber les triomphes; il retombe dans la couleur de son associé, & s'étant défait de son as, il lui fourni les moyens de se servir de toute la suite de sa couleur; ce que celui-ci n'aurait vraisemblablement pas pu faire, si l'autre était resté maître du jeu en gardant l'as.

Et au cas que son associé n'ait point d'autres bonnes cartes que cette couleur, il ne perd rien en prenant le roi avec son as; mais s'il arrivait qu'il eût une bonne carte pour entrer dans cette couleur, il gagnerait de cette façon toutes les levées. Au surplus, puisque votre associé à pris votre roi avec l'as, & qu'il a fait atout ensuite, vous devez naturellement conclure, qu'il a une autre carte de cette couleur pour vous faire rentrer en jeu; ainsi vous ne devez jetter aucune carte de ladite couleur, quand même vous devriez vous défaire d'un roi ou d'une dame dans une autre couleur.

CHAPITRE X.

Quelques Jeux particuliers, dans lesquels on enseigne comment il faut tromper son aaverfaire, & indiquer son jeu à fon affoci.

I. EXEMPLE.

SUPPOSEZ qu'on joue l'as d'une couleur dans laquelle vous avez le roi, & trois petits, & que le dernier en jeu ne trouve pas à propos de le couper, où qu'il ne le puiſſe pas, il faut vous garder de jouer le roi; il faut tâcher de reſter maître dans la couleur & vous ne devez jouer qu'une petite carte, afin d'affaiblir par-là le jeu de votre adverſaire.

II. EXEMPLE.

Si on joue une carte d'une couleur de laquelle vous n'avez point, & qu'il y ait une probabilité apparente que votre aſſocié n'en a pas, ou que celles qu'il a font inférieures à celles qui font jouées, jouez une de vos meilleures cartes dans les autres couleurs, cela trompera vos adversaires : mais pour ne pas aussi tromper votre associé, dès que ce sera à lui à jouer, défaites-vous de vos plus faibles cartes. Cette façon de jouer vous réussira, toujours à moins que vos adversaires ne soient fort habiles, encore êtes-vous en jouant ainsi, trois fois plus sûr de gagner que de perdre.

CHAPITRE XI.

Quelques Jeux particuliers dans lesquels on court risque de gagner quatre levées en en perdant une ; & aussi d'en perdre trois pour en gagner une.

I. EXEMPLE.

SUPPOSEZ que trefle soit triomphe, que votre partie adverse ait joué du cœur, que votre associé n'en ayant point ait jetté un pique, vous devez naturellement conclure qu'il ne porte que carreau & triomphe ; &, supposé que vous ayez fait cette levée, mais que vous ne soyez pas fort en triomphe, il faut bien vous garder de le forcer ; suppofez que vous ayez le roi, le valet & nn petit carreau, & que votre affocié ait la dame & cinq carreaux, dans ce cas, en vous défaifant de votre roi, au premier tour & de votre valet au fecond, vous pouvez faire entre vous & votre affocié cinq levées dans cette couleur ; tout comme fi vous aviez joué un petit carreau & que la dame de votre affocié eût été coupée de l'as, le roi & le valet qui vous reftent en main, empêchent votre affocié de faire d'autres levées en triomphe, quand même il en auroit encore un de refte, en jouant un petit carreau, vous le forcez, & vous perdez de cette façon trois levées dans cette donne.

II. EXEMPLE.

Suppofez que dans un jeu pareil au précédent, vous ayez la dame, le dix & une petite carte dans la forte couleur de votre affocié, c'eft ce que vous pouvez découvrir en jouant de la façon que nous avons indiquée dans l'exemple précédent ; cette découverte étant faite, fi vous fuppofez que votre affocié doive avoir le valet & cinq petites cartes dans cette

même couleur, fi vous êtes premier
à jouer, il faut commencer par la
dame, & continuer avec votre dix,
fi votre affocié porte le dernier triomphe, il fera de cette manière quatre
levées dans cette couleur, au lieu que
fi vous ne jouiez qu'un petit, fon valet
s'en allant, & la dame reftant au fecond coup qu'on joue dans cette couleur, dès que fon dernier triomphe eft
forcé, la dame qui vous refte empêche
qu'on ne puiffe faire paffer cette couleur ; il eft évident que cette façon de
jouer, vous ferait perdre trois levées
dans cette donne.

III. EXEMPLE.

Il a été fuppofé dans les exemples
précédens que vous étiez premier à
jouer, & que vous aviez eu occafion
par-là de vous défaire des meilleures
cartes que vous portiez dans la couleur forte de votre affocié, dans l'intention de faire paffer toutes les autres ; fuppofons à préfent, que vous
découvriez qu'il eft fort dans une couleur; qu'il ait par exemple l'as, le roi &
quatre petits, &que vous ayez de votre
côté la dame, le dix, le neuf, & une
des plus baffes cartes de ladite couleur

fi votre aſſocié joue l'as, vous devez y fournir le neuf, s'il joue le roi, le dix; vous tâcherez de faire paſſer de cette façon la dame au troiſième tour, & puiſqu'il ne vous reſte qu'une petite, vous n'empêchez point que la couleur de votre aſſocié faſſe tout ſon effort : au lieu que vous auriez perdu deux levées ſi vous aviez gardé votre dame & votre dix & que le valet de vos adverſaires fût tombé.

IV. EXEMPLE.

Suppoſez que vous trouviez dans le courant du jeu comme dans le cas précédent, que votre aſſocié ſoit fort dans une couleur, & que vous y ayez le roi, le dix & un petit, ſi votre aſſocié joue l'as, mettez-y votre dix, & au ſecond tour votre roi; vous empêchez par-là ſuivant toute probabilité que votre aſſocié trouve quelque obſtacle à faire paſſer ſa couleur.

V. EXEMPLE.

Suppoſez encore que votre aſſocié ait l'as, le roi & quatre petites cartes dans ſa couleur forte, que vous ayez à votre tour la dame, le dix & une petite; s'il joue ſon as, mettez votre dame, c'eſt de cette façon que

D

vous rifquerez une levée pour en gagner quatre.

VI. EXEMPLE.

Nous fuppofons préfentement que
vous portez cinq cartes de la forte
couleur de votre affocié ; favoir, la
dame, le dix, le neuf, le huit & une
petite ; & que votre affocié fe trouve en main, l'as, le roi & quatre petites,
fi votre affocié joue l'as, mettez votre
huit ; s'il joue après cela le roi, pofez le neuf, & au troifième tour,
fi perfonne n'a plus de cette couleur,
excepté vous & votre affocié, continuez à jouer votre dame & après
cela le dix ; & puifque vous n'avez
plus qu'une petite, & votre affocié
deux, vous gagnez par-là une levée,
ce que vous n'auriez pas pu faire
en jouant la plus haute & en gardant
une petite pour la jouer à votre affocié.

CHAPITRE XII.

Quelques façons de jouer particulières qu'il faut mettre en usage lorsque l'adversaire à droite tourne une figure : avec des avis comment il faut jouer, si on tourne une figure, ou un honneur gauche.

I. EXEMPLE.

SUPPOSEZ qu'on ait tourné le valet à votre droite, & que vous ayez le roi, la dame & le dix, si vous voulez gagner le valet, commencez par jouer votre roi, afin que votre associé puisse connaître par-là qu'il vous reste encore la dame & le dix, & cela d'autant plus facilement, que vous ne jouez pas la dame, quoique vous soyez premier à jouer.

II. EXEMPLE.

Supposez que le valet soit tourné comme au coup précédent, que vous ayez l'as, la dame & le dix ; en jouant la dame, vous aurez le même avantage que dans le cas précédent.

D ij

III. EXEMPLE.

S'i l'on a tournez la dame à votre droite & fi vous avez l'as, le roi & le valet, en jouant votre roi, vous avez le même avantage que dans les cas précédens.

IV. EXEMPLE.

Suppofez qu'on ait tourné un honneur à votre gauche, & que vous n'en ayez point; dans ce cas, il faut que vous faffiez atout pour faire paffer cet honneur en revue; au lieu que fi vous en aviez un, à moins que ce ne foit l'as, il faudrait bien prendre garde comment vous joueriez ce triomphe, parce que fi votre affocié n'avait pas un honneur, votre adverfaire fe rendrait maître de votre jeu.

CHAPITRE XIII.

Du danger qu'il y a fouvent de forcer fon affocié.

ARTICLE PREMIER,

SUPOSEZ que A & B foient affociés enfemble, & que A ait une-quinte majeure en triomphe , avec une quinte majeure & trois petites d'une autre couleur, que A foit premier à jouer fuppofons encore que les adverfaires C & D n'aient chacun que cinq triomphes : dans ce cas A fait toutes les levées parce qu'il eft le premier à jouer.

II. Suppofons au contraire que C ait cinq petits triomphes , avec une quinte majeure & trois petites cartes d'une autre couleur ; qu'il foit premier à jouer & qu'il force A de couper, par ce moyen A ne pourra faire que cinq levées.

III. Suppofez que A & B foient affociés , & que A porte une quatrième majeure en trefle qui eft le triomphe, une autre quatrième majeure en carreau & l'as de pique : & fuppofons en même-tems que les adverfaires C & D aient les cartes fuivantes : C quatre triomphes, huit cœurs , un pique ; D cinq triomphes & huit carreaux. C premier à jouer commence par un cœur, D le coupe & joue carreau , lequel C coupe , & qu'en continuant ainfi la navette, chacun de ces deux affociés coupe une des quatrièmes majeures de A, que le tour étant à C à jouer pour la neuvième levée, entre par pique, lequel D coupe; les voilà donc maîtres des neuf premières levées, A reste avec la quatrième majeure en triomphe.

Ce cas démontre combien il est avantageux de faire la navette, dès qu'on peut la former.

CHAPITRE XIV.

Qui contient divers cas mêlés de calculs pour démontrer comment il faut jouer, (lorsqu'on n'est pas premier en jeu) le roi, la dame, le valet ou le dix, avec une petite carte de quelque couleur que ce soit.

ARTICLE PREMIER.

SUPPOSEZ que vous ayez quatre petits triomphes, & que vous ayez une main sûre dans chacune des trois autres couleurs, & que votre associé n'ait aucuns triomphes; il faut dans ce cas, que les autres neuf triomphes se trouvent partagés entre vos adversaires; mettons qu'un en ait cinq

& l'autre quatre, jouez atout autant de fois que vous ferez premier; & au cas que vous le foyez quatre fois, il eft évident que vos adverfaires n'auront fait que cinq levées avec neuf triom- phes; au lieu que fi vous leur aviez permis d'employer leurs triomphes féparément, ils auraient facilement pu faire neuf levées.

Cet exemple prouve qu'il eft pref- que toujours avantageux de faire tom- ber deux triomphes contre un.

Il y a cependant une exception à cette règle, la voici. Si vous trou- vez dans le courant du jeu que vos adverfaires foient extrêmement fort dans quelque couleur particulière, & que votre affocié ne puiffe pas vous être d'un grand fecours dans ladite couleur, dans ce cas, il faut exami- ner les points que vous avez & ceux de vos adverfaires, parce que vous pourrez fauver, ou gagner le jeu, en gardant un triomphe pour couper cette couleur.

II. Suppofez que vous ayez l'as, la dame & deux petits dans une cou- leur, & que votre adverfaire à droite, premier en jeu, y entre, dans ce cas ne mettez point la dame, parce qu'il eſt à parier que votre aſſocié porte une meilleure carte dans cette couleur, que le troiſième joueur : ſi cela eſt ainſi, vous voyez que vous y ſerez le maître.

Il y a une exception à cette règle, quand vous n'êtes pas premier à jouer, alors il faut mettre la dame.

III. Ne commencez jamais à jouer par le roi, le valet & une petite carte dans quelque couleur que ce ſoit, parce qu'il y a deux contre un que votre aſſocié n'a pas l'as, & par conſéquent 32 à 25, ou autour de cinq à quatre qu'il a la dame ou le dix, & ainſi n'ayant qu'autour de cinq à quatre en votre faveur, & devant avoir quatre cartes dans quelqu'autre couleur, quand même le dix en ferait la plus forte, jouez-là, parce qu'il eſt à parier que votre aſſocié à une meilleure carte dans ladite couleur, que le dernier joueur ; & quand même l'as reſterait derrière votre main, il eſt à parier que cela ſe trouvera ainſi ſi votre aſſocié ne l'a point, vous ne laiſſerez vraiſemblablement pas, que de faire deux levées, ſi votre adverſaire met cette couleur ſur le tapis.

IV. Suppoſez que vous vous apperceviez dans le courant du jeu , qu'il vous reste entre vous & votre associé quatre ou cinq triomphes , si vos adversaires n'en ont pas , & que vous n'ayez aucune carte gagnante, mais que vous ayez raison de juger que votre associé porte une troisième ou quelqu'autre carte supérieure ; dans ce cas , jouez un petit triomphe ; afin de tenir la main , pour vous pouvoir défaire d'une fausse sur cette troisième ou autre bonne carte.

CHAPITRE XV.

De l'art de jouer le roi , la dame , le valet ou le dix de quelque couleur que ce soit , lorsque l'on est dernier en cartes.

ARTICLE PREMIER.

SUPPOSEZ que vous ayez le roi , & une petite carte dans une couleur, & que votre adversaire à droite y joue ; s'il est habile au jeu , ne mettez point le roi , à moins que vous ne vouliez tenir la main , parce qu'un

bon joueur commence rarement à jouer
par une couleur dont il a l'as, il la
garde pour faire paſſer ſa foſte couleur
quand les triomphes ſont tombés.

II. Suppoſez que vous ayez la dame
& une petite carte d'une couleur, &
que votre adverſaire à droite y joue,
ne poſez point la dame, parce que,
ſuppoſé que votre adverſaire ait commencé par l'as ſuivi du valet, dans
ce cas, dès qu'on retournera dans la
ſuſdite couleur, il fera une feinte
avec le valet; en faiſant cela, il jouera beau jeu, ſur-tout ſi ſon aſſocié a
joué le roi, cela vous fera faire votre dame : mais, en la mettant, en
premier, vous l'avertiriez que vous
n'êtes pas fort dans cette couleur,
& vous l'engageriez à attaquer le jeu
de votre aſſocié par des feintes, tant
qu'il ſerait queſtion de cette couleur.

III. Les exemples précédens
vous ont ſuffiſamment inſtruit quand
il eſt à propos que vous mettiez le
roi ou la dame lorſque vous êtes
dernier à jouer : il faut encore obſer-
ver, qu'au cas que vous ayez le
valet ou le dix dans une couleur avec
une petite, que c'eſt en général très-
mal jouer de mettre l'un ou l'autre

vous êtes dernier, parce qu'il y a à parier cinq contre deux, que le troisième joueur porte ou l'as, ou le roi ou la dame, il s'enfuit qu'il y a une chance contre vous de cinq à deux ; & quoique vous puissiez quelquefois réussir en jouant de la sorte, vous risquez toujours de perdre, parce que vous découvrez à vos adversaires que vous êtes faible dans cette couleur, & que ceux-ci employent des feintes contre vous ou contre votre associé tant que cette couleur dure.

IV. Supposez que vous ayez l'as, le roi & trois petites cartes d'une couleur, & que votre adversaire à droite y joue, vous y mettrez votre as, & votre associé le valet ; & au cas que vous soyez fort en triomphe, il faut rejouer une petite dans cette couleur, afin que votre associé la puisse couper. Voici la conséquence qui en résulte de cette façon de jouer, vous restez le maître dans cette couleur par votre propre jeu, & vous faites sentir en même tems à votre associé, que vous êtes fort en triomphes, & qu'il peut régler son jeu en conformité, soit en tâchant de faire la navette, soit en vous jouant atout, s'il est fort en triomphe, ou maître dans les autres couleurs.

V. Supposez que A & B ayent tant points, leurs adversaires C & D sept, qu'on ait joué neuf cartes, desquelles A & B ayent fait sept levées; suppo- sez encore qu'on ait point compté d'honneur; dans ce cas, A & B ont gagné la levée impaire, ce qui don- ne une égalité à leur jeu: supposez encore que A soit premier à jouer, & qu'il porte les deux petits triom- phes qui restent, avec deux fortes cartes dans les autres couleurs; ajoutez que C & D ont entr'eux les deux meilleurs triomphes, avec deux autres cartes gagnantes; on demande comment il faut jouer ce jeu? Il y a onze à trois que C n'a pas les deux triomphes; & pareillement onze à trois que D ne les a pas: la chance est au- tant en faveur de A qu'il peut gagner la somme qu'on joue, ainsi il est de son intérêt de faire atout; car, par exemple, si la mise est de 20 liv. A la tirera si cette façon lui réussit, au lieu que s'il joue dans la méthode ordinaire, s'il force C ou D à faire atout les premiers, ayant déjà gagné la levée impaire, & étant sûr de ga- gner

gner les deux autres , son jeû se
comptera neuf à sept , ce qui est autour de trois à deux ; & par conséquent la part de A dans les 70 liv. ne
montera qu'à 42 liv. il n'aura qu'un
bénéfice de 7 liv , au lieu que dans l'autre cas, dans la supposition que C & D
ont une prétention de deux à trois sur
la mise, en jouant triomphe , il se procurera un droit de 55 liv. sur les 70
liv.

Dès qu'on voudra faire exactement
attention au cas que nous venons d'expliquer, on pourra l'appliquer pour
la même fin , dans d'autres circons-
tances dans lesquelles un jeu se pourrait trouver.

CHAPITRE XVI.

Quelques avis comment il faut jouer ;
si l'adversaire à droite a tourné un
as, un roi, une dame , &c.

ARTICLE PREMIER.

SUPPOSEZ qu'on ait retourné l'as à
votre droite , & que vous n'ayez en
main que le roi & le neuf de triomphe

E

avec l'as, le roi & la dame d'une autre couleur, & huit fausses cartes: pour bien jouer ce jeu-là, commencez avec l'as de la couleur, dont vous avez l'as, le roi & la dame, cela indiquera à votre associé que vous êtes maître dans cette couleur; jouez ensuite le dix de triomphe, parce qu'il y a cinq contre deux que votre associé porte le roi, la dame ou le valet de triomphe; & quoiqu'il y ait à parier autour de sept contre deux, que votre associé ne porte pas deux honneurs, il se pourrait bien qu'il les eût, & même que ce fût le roi & le valet, dans ce cas-là, comme votre associé laissera passer votre dix de triomphe, & qu'il y a treize contre douze à parier que le dernier joueur ne porte point la dame de triomphe, supposant que votre associé ne l'a pas, celui-ci, dès qu'il tiendra la main, entrera dans votre couleur forte; &, dès que vous tiendrez à votre tour la levée, il faut que vous jouyez le neuf de triomphe, parce que vous mettrez par-là votre associé en état de couper à coup sûr la dame, s'il se trouve derrière elle.

Ce cas démontre qu'un as tourné

contre vous, peut devenir peu avantageux à votre adversaire, si vous
sçavez bien appliquer cette règle.

II. Si votre adversaire à droite tourne le roi ou la dame, vous pourrez
gouverner votre jeu de la même façon; mais il faut toujours vous com-
porter suivant le dégré de capacité
de votre associé, parce qu'un bon
joueur sçait tirer parti d'un certain
jeu avec lequel un joueur moins habile
réussirait rarement.

III. Supposez que votre adversaire
à droite entre en jeu par le roi de
triomphe, & que vous en ayez l'as, &
quatre petits, accompagnés d'une
bonne couleur; dans ce cas, c'est
votre jeu de laisser passer le roi, quand
même il aurait roi, dame & valet &
un autre: s'il n'est pas un des plus
habiles joueur, il jouera le petit, dans
la pensée que son associé porte l'as;
s'il le fait, il faut le laisser passer,
parce qu'il est également à parier que
votre associé a un meilleur triomphe
que le dernier joueur; cela étant,
pour peu qu'il entende le jeu, il jugera que vous avez vos raisons pour
avoir joué ainsi; & en conséquence
s'il lui reste un troisième triomphe,

il le jettera, sinon il jouera sa meilleure couleur.

IV. *Cas critique pour gagner la levé impaire.*

Supposez que A & B jouent contre
C & D, & de plus, que le jeu soit
neuf, & tous les triomphes tombés.
A, dernier à jouer porte l'as, &
quatre petites d'une couleur & la
treizième carte restante; B n'a que deux
petites cartes de la couleur de A; C
porte la dame & deux autres petites
cartes de cette couleur; D le roi, le
valet & une petite; A & B ont gagné trois levées; C & D quatre; ainsi
il s'ensuit de-là, que A doit gagner
quatre levées, de six cartes qui lui
restent, s'il veut gagner la partie. C
joue cette couleur, & D y met le
roi; A lui donne cette levée; D retourne dans la même couleur; A
laisse passer sa carte, & C met sa dame
de sorte que C & D ont gagné six
levées; & C croyant que son asso-
porte l'as de ladite couleur, y retourne; cela fait gagner à A les quatre
dernières levées, & par conséquent
la partie.

V. Suppofez que vous ayez le roi & cinq petits triomphes , & que votre adverfaire à droite joue la dame ; dans ce cas ne mettez point votre roi , parce qu'il eft à parier que votre affocié porte l'as ; & fuppofé que votre adverfaire eût la dame , le valet , le dix & un petit triomphe , il eft auffi à parier que l'as fe trouve feul , chez votre adverfaire ou chez votre affocié ; ainfi vous joueriez fort mal en mettant le roi : mais fi l'on entrait par la dame de triomphe , & que vous euffiez par hazard le roi avec deux ou trois triomphes , c'eft alors qu'il faudrait le mettre ; parce que c'eft bien jouer que de commencer par la dame , dès qu'on la porte accompagnée d'un feul petit triomphe. Alors fi votre affocié avait le valet de triomphe & que votre adverfaire à gauche tint l'as , vous perdriez une levée en négligeant de mettre le roi.

CHAPITRE XVII.

*Comment on doit jouer si l'on retourne
le dix ou le neuf à droite.*

ARTICLE PREMIER.

SUPPOSEZ qu'on ait tourné le dix
à votre, droite & que vous ayez le roi,
le valet, le neuf, & deux petits en
triomphe avec huit autres fausses cartes, & que ce soit votre jeu d'entrer par
un triomphe: dans ce cas, commencez par le valet, afin d'empêcher que
le dix ne fasse sa levée, & quoiqu'il
y ait autour de cinq à quatre, que vôtre associé porte un honneur, [encore
que cela manquerait en faisant une
feinte du neuf au retour en atout que
votre associé vous fera] vous avez le dix
à votre disposition.

II. Si le neuf tourne à votre droite,
& que vous ayez le valet, le dix, le
huit & deux petits en triomphe, en
jouant le valet vous parvenez au but
que vous vous êtes proposé, comme
dans le cas précédent.

III. Il faut que vous faffiez une grande différence entre une couleur dans laquelle votre affocié vous fait entrer de fon propre choix, & entre une dans laquelle il eft forcé lui-même de jouer : dans le premier cas il eft à préfumer qu'il joue fa meilleure couleur, & s'il voit que vous n'en avez point & que vous n'êtes pas fort en triomphes, & que par conféquent il n'ofe pas vous forcer, il jouera une autre couleur dans laquelle il fe trouvèra paffablement pourvû, & vous apprendra par ce changement qu'il eft faible en triomphe ; au lieu que s'il continue à jouer dans celle de fa première levée, pour peu que vous le connaiffiez bon joueur, vous devez conclure qu'il eft fort en triomphes, & qu'il faut que vous jouyez en conféquence.

IV. Il n'y a rien de fi dangereux au jeu du Whisk, que de changer fouvent de couleur, parce qu'on court rifque dans chaque nouvelle couleur de faire tenir la main à fes adverfaires : c'eft pourquoi, fi vous jouez dans une couleur où vous avez la dame, le dix & trois petits, & que votre affocié mette feulement le neuf; au cas que vous foyez faible en triom-

phe , & que vous n'ayez point d'autre bonne couleur à mettre sur le tapis, il ne vous reste rien de mieux à
faire que de continuer dans la même couleur ; en jouant la dame , vous
laissez par-là au choix de votre associé s'il la veut couper ou non, au cas
qu'il n'en ait plus ; mais s'il arrivait
qu'étant premier à jouer, vous eussiez
la dame ou le valet d'une couleur
avec une autre carte , il vaudrait mieux
commencer par la dame de ces couleurs, parce qu'il y a cinq contre deux
que votre associé porte pour le moins
un honneur dans l'une des deux.

  V. Si vous avez l'as, le roi & une
petite carte d'une couleur, accompagnée de quatre triomphes ; au cas
que votre adversaire à droite entrât en
jeu par la même couleur , laissez passer sa carte , parce qu'il est à parier que
votre associé porte dans cette couleur,
une meilleure carte que le troisième
joueur ; si cela est ainsi , vous gagnerez
par-là une levée ; sinon , ayant quatre
triomphes vous ne courez aucun risque
de la perdre ; parce que quand même
on ferait atout , il est à présumer que
vous aurez la derniere.

CHAPITRE XVIII.

Avertissement pour ne point se défaire des premiéres cartes dans la couleur forte de son adversaire.

ARTICLE PREMIER.

SUPPOSEZ que vous soyez faible en triomphe, & qu'il ne vous paraisse pas que votre associé en soit bien pourvû, il faut bien prendre garde comment vous vous déferez des principales cartes de la couleur forte de votre adversaire ; car en supposant que votre adversaire joue dans une couleur de laquelle vous avez le roi, la dame & un seul petit ; au cas qu'il entre par l'as de la même couleur, si vous jouez la dame, vous donnez à votre associé un indice infaillible que vous avez encore le roi ; quand votre associé y aurait renoncé, ne mettez point votre roi, parce que si celui qui a joué le premier dans cette couleur, ou son associé, porte le der-

nier triomphe, vous risquez de perdre
trois levées pour en gagner une.

II. Supposez que votre associé porte encore dix cartes, & que vous
jugiez qu'elles ne sont que d'une seule couleur ou des triomphes; supposez encore que vous ayez le roi, le dix
& une petite de la couleur dans laquelle
il est fort, avec la dame & deux petits
triomphes; dans ce cas, il faut que
vous lui supposiez cinq cartes dans
chaque couleur & jouyez par conséquent le roi de la couleur forte;
si vous gagnez cette levée, vous ne
sçauriez mieux continuer qu'en jouant
votre dame de triomphe; si cela vous
réussit aussi, continuuez vos triomphes.
Vous pouvez vous servir de cette
marche, à tels points que la partie se
puisse trouver, à moins qu'elle ne
soit de quatre à cinq.

III. Il faut se ressouvenir quelle carte a été tournée; & il est si important à celui qui donne & à son associé
de sçavoir & de se rappeller laquelle
c'est, que nous croyons nécessaire
d'observer que celui qui donne, de-
vrait toujours placer la carte tournée
de façon qu'il soit sûr de la trouver
quand il en aura besoin; car suppo-

sé que ce ne soit qu'un cinq, & que celui qui donne en ait deux de plus, par exemple, le six & le neuf ; au cas que son associé fasse atout de l'as, & du roi, il faut qu'il y mette son six & son neuf, parce que son associé portant, par exemple, le valet, & quatre petits triomphes, se ressouviendra que le cinq qui est le seul restant se trouve dans la main de son associé, & par ce moyen il pourra faire bien des levées.

IV. Supposez que votre adversaire à droite joue dans une couleur dans laquelle vous portez le dix & deux petites, que le troisième joueur joue le valet & que votre associé le prenne avec le roi; si celui de votre droite rejoue la même couleur & cela par une petite, mettez votre dix, parce que vous épargnerez par-là, l'as de votre associé, qu'il pourra faire valoir, si celui à droite joue la dame. Cette façon de manœuvrer ne manque presque jamais.

V. Supposez que vous ayez le meilleur triomphe, & que l'adversaire A n'en ait plus qu'un, & qu'il vous semble que l'adversaire B porte une couleur forte ; dans ce cas, en permet-

tant même à A de faire son triomphe,
si vous gardez la vôtre, vous empêchez que l'adversaire B ne puisse jouer
sa couleur forte ; au lieu que si vous
aviez pris le triomphe de A , cela ne
vous aurait fait qu'une différence d'une
levée , pendant que vous pouvez en
faire probablement trois ou quatre en
employant cette méthode,

Le cas suivant arrive très-souvent.

VI. Qu'il vous reste deux triomphes tandis que vos adversaires n'en
ont qu'un ; si vous appercevez alors
que votre associé porte une forte couleur, ne manquez jamais de faire
atout , quand même vous n'auriez que
le plus petit de tous , parce qu'en les
ôtant à vos adversaires, vous faites circuler la couleur forte de votre associé.

VII. Supposez que vous ayez trois
triomphes lorsque personne n'en a
plus , & qu'il vous reste encore quatre cartes d'une certaine couleur : jouez
atout, parce que vous indiquez par-
là à votre associé que vous les avez
tous , & vous fournissez par-là occa-
sion à vos adversaires de jetter une
carte de la couleur qui vous reste ; par

ce moyen, fuppofez qu'on ait déjà joué une fois ladite couleur, il en eft tombé quatre, lefquelles avec celle qu'on a jettée font cinq, les quatre que vous y avez joint, font neuf, il n'en refte donc que quatre entre les trois joueurs; & comme il eft à parier que votre affocié peut auffi bien avoir la meilleure que le dernier joueur, il s'enfuit que vous avez une chance égale de pouvoir faire trois levées, ce qui ne feroit vraifemblablement pas arrivé fi vous aviez joué autrement.

VIII. Suppofez que vous ayez cinq triomphes & fix petites cartes d'une autre couleur, & que vous foyez premier en jeu, vous ne fauriez mieux faire que de commencer par la couleur où vous en avez fix; parce que vous trouvant court dans les deux autres couleurs, vos adverfaires feront vraifemblablement atout, & joueront par-là votre propre jeu; au lieu que fi vous aviez commencé par en jouer vous-même, ils vous auraient forcé & auraient dérangé votre jeu.

CHAPITRE XIX.

Explication plus ample, de la façon de jouer les sequences.

ARTICLE PREMIER.

EN fait de triomphes, il faut toujours jouer les plus forts des sequences, à moins que vous n'ayez l'as, le roi & la dame : dans ce dernier cas, jouez la plus basse, afin d'instruire votre associé de la situation de votre jeu.

II. Dans les couleurs qui ne sont point triomphes, si vous avez une sequence composée de roi, dame, valet & deux petits, le meilleur parti sera de commencer par le valet, il n'importe que vous soyez fort en triomphes ou non, parce que, en faisant tomber l'as, vous faites circuler toute la couleur.

III. Et au cas que vous soyez fort en triomphes, si vous avez une sequence de dame, valet, dix & deux petites dans quelque couleur que ce soit, il faut jouer la plus haute de votre sequence ; parce que, soit qu'un des adverfaires coupe cette couleur au fecond tour, cela ne pourra pas vous nuire, attendu que vous trouvant fort en triomphes, vous faites tomber les leurs, & vous réuffiffez à faire le refte de cette couleur.

On peut obferver la même méthode l'orfqu'on a une fequence de valet, dix, neuf & deux petites d'une couleur.

IV. Si vous avez une fequence de roi, dame, valet, & d'une petite couleur, jouez votre roi, n'importe que vous foyez fort en triomphes ou non, & faites-en de même dans toutes les autres fequences inférieures, pourvu qu'elles foient de quatre cartes.

V. Mais fi vous vous trouviez par hazard faible en triomphes, il faudrait commencer par la plus baffe de la fequence, au cas qu'elle foit compofée de cinq cartes; car fuppofez que votre affocié porte l'as de ladite couleur, vous le lui faites faire; & il eft égal que ce foit vous ou votre affocié qui faffiez cette levée; mais fi vous aviez l'as & quatre petites d'une couleur, & fi vous vous trouviez faible en triomphes, dès qu'on y joue, vous ne fçauriez mieux faire que de mettre votre as : si vous êtes au contraire fort en triomphes, vous pouvez jouer comme bon vous semble, mais il faut jouer tout à rebours dès que vous ne l'êtes point.

VI. Expliquons à présent ce que nous entendons par être fort ou faible en triomphes.

Si vous avez as, roi & trois petits,
Roi, dame & trois petits,
Dame, valet & trois petits,
Dame, dix & trois petits,
Valet, dix & trois petits,
Dame & quatre petits,
Valet & quatre petits.

Dans toutes ces différentes positions vous serez très-fort en triomphes ; ainsi en jouant suivant les règles indiquées, vous serez certainement assuré d'être maître dans le courant de la donne.

Si vous n'avez que deux ou trois petits triomphes, vous y serez faible.

VII. Les cas qui doivent vous autoriser à forcer votre associé de jouer triomphe, sont ceux où vous n'auriez que,

L'as & trois petits,
Le roi & trois petits,
La dame & trois petits,
Le valet & trois petits.

VIII. Si par hazard vous ou votre adverſaire avez forcé votre aſſocié, (quand même vous ſeriez faible en triomphe) s'il a été premier à jouer & s'il ne juge pas à propos de faire atout, forcez-le à le faire auſſi ſouvent que vous ferez premier à jouer, à moins que vous n'ayez quelque bonne couleur à jouer.

IX. Si par hazard vous n'aviez que deux ou trois petits triomphes, & que votre adverſaire jouât une couleur de laquelle vous n'avez pas, coupez-la ; cela apprendra à votre aſſocié que vous êtes faible dans cette couleur.

X. Suppoſez que vous ayez l'as, le valet & un petit triomphe, & que votre aſſocié vous en jouât, qu'il ait, par exemple, le roi & trois petits : suppoſez que votre adverſaire à droite ait trois triomphes & celui à gauche un pareil nombre ; dans ce cas, en faiſant une feinte avec votre valet & en jouant votre as, ſi la dame ſe trouve à votre droite, vous gagnerez la le-

vée, mais si elle est à gauche, que
vous jouyiez l'as & ensuite le valet,
& que vous permettriez par-là à l'adversaire à gauche d'employer sa dame, [& c'est ce qu'il doit nécessairement faire] il y a au-delà de deu
à un à parier qu'un des adversaire
porte le dix, & par conséquent vous
ne pouvez pas gagner la levée en
jouant de la sorte.

XI. Si votre associé premier à jouer
a commencé par l'as de triomphe &
que vous ayez, par exemple, le roi
le valet & un petit, en mettant le
valet & en faisant un retour avec le
roi, vous obtiendrez l'avantage que
la règle précédente procure.

Vous pouvez aussi employer la
même méthode dans d'autres couleurs.

XII. Si vous êtes fort en triomphes
si vous avez le roi, la dame & deux
ou trois petites cartes, dans tout
autre couleur, vous pouvez commencer par un petit, étant à parier cinq
à quatre que votre associé a un honneur dans cette couleur; mais si vous
êtes faible en triomphes, il faut commencer par le roi.

XIII. Si votre adversaire à droi

premier à jouer, joue dans une couleur dont vous avez le roi, la dame &
deux ou trois petites cartes, laiffez
fa paffer carte, parce qu'il eft également
à parier que votre affocié porte une
meilleure carte dans cette couleur,
que le troifième joueur ; & quand
même cela ne ferait pas, vous ne
devez pas craindre de ne pas tirer
parti de votre couleur, puifque vous
êtes fort en triomphes.

XIV. Si votre adverfaire à droite
joue dans une couleur de laquelle vous
portez le roi, la dame & une petite,
que cette couleur foit triomphe ou
non, mettez toujours la dame ; de
même fi vous avez la dame, le valet
& une petite carte, mettez le valet ; &
fi vous portez le valet, le dix & une
petite, mettez le dix, parce qu'en jouant
la feconde de vos meilleures cartes,
vous faites deviner par-là à votre affocié que vous en avez encore de plus
fortes dans cette couleur, & il pourra
juger, au moyen des calculs joints à
ce Traité, quelle eft la chance qu'il
y a pour ou contre lui.

XV. Si vous aviez l'as, le roi,
& deux petites dans quelque couleur
que ce foit, & que vous foyez en

même tems fort en triomphes ; s'il
arrivait que votre adverfaire à droite
entrât dans cette couleur, laiffez paffer fa carte, parce que la chance eſt
égale que votre aſſocié a une meilleure carte dans cette couleur que le
troiſième joueur ; ſi cela eſt vous
gagnerez une levée en jouant de cette façon, ſinon étant fort en triomphes vous ferez infailliblement votre
as & votre roi.

XVI. Si vous avez l'as, le neuf, le
huit & un petit triomphe, & que votre
aſſocié joue le dix, laiſſez-le paſſer,
parce que vous êtes ſûr de faire deux
levées, à moins qu'il n'y ait deux
honneurs derrière la main ; jouez tout
de même que ſi vous aviez le roi, le
huit & un petit triomphe, ou la dame
le neuf, le huit & un petit triomphe.

XVII. Si vous voulez quelquefois
tromper vos adverſaires, voici comment il faudra vous y prendre. Si
l'adverſaire à droite entre par une couleur dans laquelle vous avez l'as, le
roi & la dame, ou l'as le roi & le
valet, mettez l'as, parce que cela
encouragera votre adverſaire d'y retourner : il eſt vrai que par ce

moyen vous trompez votre affocié auffi - bien que vos adverfaires;
mais dans le cas préfent il vous eft
plus important de les tromper que
d'avertir votre affocié; car, voici
ce qui en réfulte : fi vous aviez mis
la plus baffe carte de votre tierce
majeure, ou le valet de l'autre couleur, vous auriez mis votre adverfaire à droite en état de découvrir,
combien vous aviez de fupériorité
fur lui dans cette couleur; & il en
aurait immanquablement changé.

XVIII. Suppofez que vous ayez
l'as, le dix & une petite dans une
couleur, ou l'as, le neuf & une petite dans une autre; jouez d'abord la
couleur où vous avez l'as, le neuf
& une petite, par la raifon que la
chance eft égale que votre affocié porte une meilleure carte dans ladite couleur que le dernier en jeu; & fuppofant
pour un moment que votre adverfaire, à droite entre en jeu par le roi ou
la dame de la couleur où vous avez
l'as, le dix & un petit, dans ce cas
il eft à parier que votre affocié porte
une meilleure carte que le troifième
joueur; fi cela eft ainfi, dès qu'on
retourne dans cette couleur, vous avez

la dernière, qui vous fait tenir le jeu
& vous donne par conséquent la chance de faire trois levées dans ladite couleur.

*Cas qui démontre comment on peut se
procurer la dernière carte.*

XIX. Supposons que A & B jouent
ensemble, que A porte l'as, la dame,
le dix, le huit, le six & le quatre de
trefle, ce qui lui fera faire six levées
sûres.

Supposons encore qu'il ait les mêmes cartes en pique, cela lui fera encore six levées de plus; nous posons
ceci en fait, sur la maxime que A porte
toujours les dernières cartes de ces
deux couleurs.

Supposons que B ait le même jeu
en cœur & en carreau, que A porte
en pique, en trefle, & que A ait les
dernières cartes en cœur & carreau,
cela fera douze levées sûres : si A est
toujours premier à jouer.

Le cas précédent démontre que les
deux jeux sont exactement égaux;
ainsi si l'un ou l'autre nomme ses atouts
quand il est premier à jouer, il ne gagnera que douze levées.

Mais fi l'un nomme les triomphes & que l'autre foit premier à jouer , celui qui nomme fes triomphes doit gagner treize levées.

Ceux qui veulent parvenir à jouer ce jeu dans la dernière perfection, ne doivent pas feulement fe contenter de fçavoir les calculs contenus a dans ce Traité pour juger de tous les cas, tant généraux que particuliers qui peuvent arriver, il faut auffi qu'ils obfervent exaĉtement toutes les cartes qu'on jette, & quand on les jette; fi c'eft leur affo-cié ou leur adverfaire : quiconque ob-fervera fcrupuleufement ces avis, de-viendra fûrement un habile joueur.

CHAPITRE XX.

Première addition de quelques cas.

ARTICLE PREMIER.

LORSQU'IL vous paraît que vos adversaires ont encore trois ou quatre triomphes, & que ni vous ni votre associé n'en avez plus, ne vous avisez jamais de le forcer à couper, & à se défaire d'une bonne carte, mais cherchez plutôt à entrer dans sa couleur, si vous n'en avez point du tout, vous empêcherez par-là que les autres ne profitent séparément de leurs triomphes.

II. Supposez que A & B soient associés contre C & D, & qu'on ait déjà joué neuf cartes, que huit triomphes soient tombés; supposez encore qu'il n'en reste plus qu'un seul à A & que son associé B ait l'as & la dame de triomphe, & que les adversaires C & D ayent entre eux deux, le roi & le valet de triomphe, que A joue son petit triomphe, que C y mette le valet,

let, faut-il que B le prenne de l'as ou de la dame?

B doit prendre le valet avec l'as, parce que D ayant encore quatre cartes & C feulement trois, il y a à parier quatre contre trois, en faveur de B, que le roi fe trouva chez D ; fi nous réduifons le nombre de quatre cartes dans une main à trois, la chance fera de trois à deux ; & fi nous réduifons le nombre de trois cartes dans une main à deux, la chance eft de deux à un que B gagnera une levée en mettant fon as de triomphe : en obfervant cette règle, on pourra la faire valoir dans toutes les autres couleurs.

III. Scppofez que vous ayez le troifième triomphe, & la troifième carte d'une couleur avec une fauffe, & fuppofez encore qu'il ne vous refte plus que trois cartes ; vous ne fçavez quelle carte vous devez jouer, il faut que ce foit la fauffe, parce que, fi vous jouyiez votre troifième carte la première carte, vos adverfaires fçachant que vous avez le dernier triomphe, ne laifferaient point paffer votre fauffe, & vous joueriez par conféquent dans la proportion de deux à un contre vous-même.

F

IV. Suppofez que vous ayez l'as, le roi & trois petites d'une couleur qui n'a pas encore été jouée ; & fuppofons encore qu'il vous paraiffe que votre affocié tient le dernier triomphe; pour tirer tout le parti imaginable de votre jeu, il faut que vous commenciez par une petite carte de votre couleur, parce qu'il eft à parier que votre affocié fe trouve une meilleure carte en main que le dernier à jouer ; fi cela était, & qu'il n'y eût que trois cartes dans la main de chacun des joueurs, il s'enfuivrait que vous feriez cinq levées dans cette couleur ; au lieu que fi vous jouyez l'as ou le roi de cette couleur, il y aurait à parier deux à un que votre affocié n'a point la dame ; & par conféquent en jouant l'as & le roi, il y a deux à un que vous ferez deux levées dans cette couleur. On peut fe fervir de cette méthode au cas que tous les triomphes foient joués, pourvu qu'on ait de bonnes cartes en d'autres couleurs pour faire revenir celles en queftion ; il faut obferver qu'en jouant ainfi, vous réduifez la chance, qui étoit de deux à un contre vous, fur un pied d'égalité, & que vous pouvez probablement, par ce moyen, gagner trois levées.

V. Si vous souhaitez que vos adverfaires faffent atout, & que votre affocié vous ait invité à jouer dans une
couleur où vous avez l'as, le valet
le dix, le neuf & le huit, ou le roi,
le valet, le dix, le neuf & le huit,
il faut que vous jouyez le huit, de
chaque couleur, cela engagera probablement l'adverfaire de jouer atout,
dès qu'il aura gagné cette carte.

VI. Suppofez que vous ayez une
quatrième majeure dans quelque couleur que ce foit, avec une ou deux
de plus dans la même couleur, &
qu'il foit néceffaire que vous faffiez
connaître à votre affocié que vous
êtes maître dans ladite couleur, jettez
votre as fur la première couleur où
vous aurez renoncé, afin de lui diffi-
per fes doutes, parce que la chance
eft en votre faveur, que vos adverfaires n'ont pas plus de trois cartes de la
même couleur ; vous pouvez vous
fervir de la même méthode fi vous
avez une quatrième au roi ; vous pouvez jetter votre roi, pourvû que l'as
foit joué ; de même fi vous aviez une
quatrième à la dame, dès que l'as &
le roi ne fe trouvent plus au jeu, vous
pouvez jetter votre dame ; ceci met

votre affocié au fait de votre jeu ; &
vous pouvez appliquer la même règle
à toutes les féquences inférieures,
pourvû que vous ayez en main la meilleure carte de celles qui les compofent.

VII. Rien n'eft fi commun que de
voir des joueurs, qui n'ont qu'une
médiocre connoiffance du jeu, quand
on a tourné le roi à leur gauche,
& qu'ils n'ont que la dame & un feul
petit atout ; il n'eft rien de fi commun,
dis-je, que de les voir faire atout de la
dame, dans l'efpérance que leur affocié pourra prendre le roi fi on le met,
fans réfléchir qu'il y a deux à un à
parier que leur affocié n'a point l'as,
& qu'en fuppofant qu'il l'eût, ils ne
fentent pas qu'ils rifquent deux honneurs contre un, & affaibliffent par
conféquent leur jeu ; il n'y a que la
néceffité de faire atout qui doive les
engager à jouer ainfi.

Cas qui arrive très-fouvent.

VIII. A & B font affociés contre
C & D ; tous les triomphes font tombés, à l'exception d'un feul que C ou
D doivent avoir ; A porte trois ou
quatre cartes gagnantes d'une couleur

qu'on a déjà jouée, avec un as & une petite d'une autre; on demande, si A fera mieux de jouer une de ses cartes gagnantes, ou une petite de la couleur où il a l'as.

Il fera beaucoup mieux de jetter une de ses cartes gagnantes; parce que si son adversaire à droite joue dans la couleur de son as, il dépendra de lui de laisser passer sa carte, & en faisant cela, son associé B a une chance égale d'avoir une meilleure carte dans cette couleur, que le troisième joueur; si cela est ainsi, & qu'il ait une carte haute à jouer, ou une dans la couleur de son associé, afin de forcer par-là le dernier triomphe, l'as qui lui reste fait entrer les cartes gagnantes; au lieu que si A eût jetté la petite de la couleur de son as, & que l'adversaire à droite eût joué dans cette couleur, il aurait été obligé de mettre son as, & aurait par conséquent perdu par-là trois levées.

IX. Supposez qu'on ait joué dix cartes, & qu'il soit très-probable que l'adversaire à droite porte encore trois triomphes; sçavoir, le meilleur & deux petits; supposez encore que vous n'en ayez que deux & que votre associé n'en ait point du tout, & que votre adversaire à droite, joue une troisième ou quelqu'autre carte gagnante, dans ce cas, laissez-là passer, vous gagnerez par-là une levée.

X. Pour faire connaître votre jeu à votre associé, voici comment il faudra vous y prendre. Supposons que vous ayez une quatrième majeure en triomphe, ou quatre des meilleures triomphes ; si vous êtes obligé de couper, faites-le avec l'as de triomphe & jouez le valet, ou prenez-là avec le meilleur des quatre triomphes & jouez le plus petit ; par-là vous ferez connaître votre jeu à votre associé ; cette découverte pourra lui devenir un moyen de faire plusieurs levées. Vous pouvez employer cette règle dans toutes les couleurs.

XI. Si votre associé vous demande si vous avez huit points, avant qu'il soit tems de le pouvoir faire, jouez-lui un triomphe, n'importe que vous en ayez peu ou beaucoup, que vous soyez fort dans une couleur ou non, puisqu'il vous demande cela avant qu'il soit obligé de le faire, c'est une marque qu'il est fort en triomphes.

XII. Supposez que votre adversaire à droite tourne la dame de trefle, & qu'il en joue le valet lorsqu'il eſt le premier en carte, & ſuppoſez que vous ayez l'as, le dix & un trefle, ou le roi, le dix & un petit, vous ne ſçavez pas ſi vous devez couper ce valet ou le laiſſer paſſer : voici ce que vous devez faire : il ne faut point le prendre, parce qu'il eſt à parier qu'en jouant le valet, puiſque vous n'avez point le roi, que votre aſſocié l'a, il eſt de même à parier, que quand on joue le valet de trefle, que votre dit aſſocié en a l'as ; dès que vous ne le portez point ; donc vous gagnez une levée en le laiſſant paſſer, ce qui n'aurait pas pû ſe faire ſi vous aviez mis ou le roi, ou la dame de trefle.

Cas où l'on peut faire la vole.

XIII. Suppoſons que A & B ſoient aſſociés contre C & D, & que ce ſoit à D à donner, que A porte le valet, le neuf & le ſept de trefle qui eſt de triomphe, une quatrième majeure en carreau, une tierce majeure en cœur & l'as, & le roi de pique. Suppoſons que B porte neuf carreaux deux piques & deux cœurs.

Encore, que D ait l'as, la dame, le dix & le huit d'atout avec neuf piques.

Et que C ait cinq triomphes & huit cœurs.

A doit jouer atout que E prendra, D jouera pique que son associé C coupera ; C jouera atout que son associé D prendra ; & D entrera par pique que C coupera , & C jouera atout, que D prendra, & D ayant la meilleure triomphe, doit le jouer : cela fait, D ayant sept piques en main les gagne & fait par-là la vole.

CHAPITRE XXI.

Deuxieme addition de quelque cas fort intéressans.

ARTICLE PREMIER.

Si votre associé commence à jouer par le roi d'une couleur de laquelle vous n'avez point, laissez-le passer & défaites-vous d'une fausse carte, à moins que l'adversaire à droite n'ait mis l'as, parce que, en faisant cela, vous faites circuler la couleur de votre affocié.

II. Suppofez que votre affocié entre en jeu par la dame d'une couleur, & que l'adverfaire à droite la prenne de l'as & qu'il y réjoue; au cas que vous n'en ayez point, gardez-vous bien de couper fa carte, mais défaites-vous d'une fauffe, parce que vous ferez paffer par ce moyen la couleur de votre focié: il en faut cependant excepter les cas, où vous joueriez pour la levée impaire, alors vous pouvez couper, fur-tout fi vous vous trouvez faible en triomphes.

III. Suppofez que vous ayez l'as, le roi & une petite carte d'une couleur & que votre adverfaire à droite y joue; fuppofez de plus, que vous ayez quatre petits triomphes & point d'autre bonne couleur à jouer; pofez encore que votre adverfaire à droite entre par le neuf ou quelqu'autre baffe carte: dans ce cas, prenez de l'as, & retournez dans la même couleur par une petite, votre adverfaire jugera par-là que le roi eft derrière fa main, & ne mettra par conféquent point fa dame s'il la porte; cela vous procurera une probabilité de faire cette levée, &

inftruira en même tems votre affocié de la fituation de votre jeu.

IV. Si votre affocié vous oblige à couper dès le commencement du jeu, vous pouvez juger par-là qu'il eft fort en triomphes ; à moins que votre jeu ne foit marqué de quatre ou de neuf, dès que vous avez en main des triomphes, jouez-les.

V. Suppofez qu'ayant huit points vous appelliez votre affocié, & que celui-ci n'ait point d'honneurs, tandis que vous avez, par exemple, le roi, la dame & le dix, ou le roi, le valet & le dix de triomphe, fi l'on joue atout, mettez toujours le dix, parce que cela montrera à votre affocié qu'il vous refte deux honneurs, & il réglera fon jeu en conféquence.

VI. Suppofez que votre adverfaire à droite appelle lorfqu'il a huit points, & que fon affocié ne porte aucun honneur, & que vous, au contraire, avez le roi, le neuf & une petite de triomphe, ou la dame, le neuf & deux petits ; fi votre affocié joue atout, mettez votre neuf, parce qu'il eft à parier autour de deux à un, que le dix ne fe trouve pas derrière votre main ; ainfi en jouant le neuf vous travaillez à votre propre avantage.

VII. Si vous jouez par hazard une couleur dans laquelle vous avez l'as, le roi & deux ou trois petites, si vous voyez en jouant votre as, que votre associé y mette le dix ou le valet, que vous ayez une carte seule dans quelqu'autre couleur, ou seulement deux ou trois petits triomphes, dans ce cas-là, (& pas autrement) jouez votre carte seule afin d'établir un navette: voici ce qui en résultera; en jouant cette couleur vous donnez une chance égale à votre associé d'y avoir une meilleure carte que le dernier joueur, au lieu que s'il vous avait invité à jouer dans ladite couleur, laquelle aurait vraisemblablement été à celle où il aurait été fort, vos adversaires auraient découvert que vous aviez l'intention de former la navette, & auraient par conséquent fait atout pour vous empêcher de faire tous vos petits; mais en jouant ainsi, votre associé peut aisément sentir la raison pour laquelle vous changez de couleur, & régler son jeu en conformité.

VIII. Supposez que vous ayez l'as & le deux de triomphe, & que vous soyez fort dans les trois autres couleurs; si vous êtes premier à jouer, jouez

votre as & enfuite le deux de triomphe , afin de faire tenir la levée à votre
affocié & de faire tomber deux triomphes contre un : quand même le dernier joueur gagnerait cette levée , s'il
joue une couleur dans laquelle vous
portez l'as , le roi & deux ou trois autres , laiffez paffer fa carte , parce que
la gageure eft égale , que votre affocié y poffède une meilleure carte que
le troifième joueur ; cela étant , il aura une belle occafion de faire tomber
deux triomphes contre un. Quand
vous ferez premier à jouer , il faudra tâcher de forcer une des deux
reftantes , & au cas qu'on en ait déjà
joué deux , vous avez encore la chance en votre faveur que votre affocié
en tienne une.

IX. Suppofez quon ait joué dix
cartes , & que vous ayez le roi , le dix
& une petite d'une couleur qui n'a pas
encore été fur le tapis ; fuppofez que
vous ayez gagné fix levées , que votre
affocié entrât dans ladite couleur , &
que perfonne n'ait ou un triomphe ou
une troifième carte ; dans ce cas , ne
jouez point votre roi , à moins que votre adverfaire à droite n'entrât par une

si haute, que vous soyez obligé de vous en servir, gardez-le pour le mettre quand on vous fera un retour dans ladite couleur, cela vous vaudra la levée impaire qui fait une différence de deux ; si par hazard on avait joué neuf cartes, dans une pareille circonstance, il faudrait observer la même règle : il faudra au surplus se servir toujours de la même méthode, à moins que le gain de deux levées ne vous donnât pas la chance, ou de sauver la partie double, ou de gagner le jeu.

X. Supposez que A & B jouent contre C & D, & que B ait les deux derniers triomphes & la dame, le valet & neuf d'une autre couleur ; supposons encore que A n'ait ni l'as, ni le roi, ni le dix de cette même couleur, & qu'il doive y jouer : B ne sçait quelle carte il doit jouer pour se procurer une probabilité des plus parfaites, d'y pouvoir faire une levée. B doit jouer le neuf de cette couleur, parce qu'il n'y a que cinq à quatre contre lui, que son adversaire à gauche tient le dix ; & quand il jouerait ou la dame ou le valet, il y a autour de trois à un que l'as ou le roi se trouvent dans le

G

jeu de fondit adversaire; ainsi, il réduit la chance de trois à un contre lui, seulement à celle de cinq à quatre.

XI. Changeons le cas précédent & mettons le roi, le valet & le neuf d'une couleur dans la main de B, dans la supposition que A n'a ni l'as, ni la dame, ni le dix; si A est premier à jouer dans cette couleur, l'égalité est parfaite si B joue, ou le roi, ou le valet, ou le dix.

XII. Supposez que vous ayez l'as, & trois ou quatre petites cartes d'une couleur qui n'a pas encore été jouée, & qu'il vous semble que votre associé porte le dernier triomphe ; si vous êtes premier à jouer, jouez une de vos petites cartes, parce que la chance est égale que votre associé porte une meilleure carte dans cette couleur que le dernier joueur ; si cela est ainsi, la probabilité est pour vous, que vous ferez cinq ou six levées dans cette couleur, au lieu que si vous jouez l'as ou le roi, il y a cinq à parier contre un que votre associé n'a point la dame, & par conséquent vous risquez deux contre un de ne faire que deux levées, & de perdre trois ou quatre levées, dans cette feule donne , pour en vouloir gagner une.

XIII. Suppofez que votre affocié entre en jéu par une couleur dont il a l'as, la dame, le valet accompagnés de plufieurs autres ; qu'il commence par l'as, & qu'il continue avec la dame ; au cas que vous en ayez le roi & deux petites, prenez fa carte du roi, & fuppofez que vous foyez fort en triom- phes, en faifant tomber ceux des autres & en jouant un petit de la couleur forte de votre affocié, vous la faites circuler & gagnez par-là nombre de levées.

G ij

CHAPITRE XXII.

Dictionnaire du Jeu du Whisk, qui résout la plupart des cas critiques qui peuvent arriver.

Par demandes & par Réponses.

D. QUELS font les moyens les plus avantageux & les plus prudens, pour tirer le meilleur parti poffible des triomphes ?

R. Parcourez ce Traité, ch. VI. cas II. & fuivans, & ch. VII. en entier.

D. Comment faut-il jouer les fequences en triomphes ?

R. Il faut commencer par la plus haute carte de la fequence.

D. Comment faut-il jouer les fequences qui ne font point de triomphes ?

R. Si elles font compofées de cinq ou fix cartes, il faut commencer par la plus baffe ; & fi ces fequences ne font que de trois ou quatre, il faut commencer par la plus haute.

D. Quand faut-il tâcher de faire d'abord des levées ?

R. Lorfque l'on eft faible en triomphe,

D. Dans quel cas ne faut-il pas se pres-
ser de faire des levées ?

R. Lorsque l'on est fort en triomphe.

D. Entre plusieurs couleurs, pourquoi préfère-t-on celles dont on a
des sequences ?

R. Parce qu'elles donnent plus d'avantage & qu'elles font quelquefois tenir la main.

D. Quand faut-il commencer par jouer
l'as, d'une couleur dont on a plusieurs cartes ?

R. Dès que l'on a une sequence de trois
[à l'exception des triomphes].

D. Quand ne faut-il pas commencer
par jouer l'as d'une sequence qui
n'est pas triomphe ?

R. Quand on a une sequence de quatre, de cinq ou de six cartes, alors
il faut jetter les petites, parce que
les triomphes étant tombés, l'as &
les autres peuvent rendre maître
dans cette couleur, & faire plusieurs
levées. Voyez article III.

D. Quand on retourne un honneur ou
autre carte importante, soit à droite
ou à gauche, comment faut-il jouer ?

R. Voyez chap. XII. en entier & chap.
XVI. Cas I. II. III. & même les
suivans.

G iij

D. Dans quel cas règle-t-on fon jeu
fuivant les points que l'on a, ou
fuivant le nombre de ceux de fes
Adverfaires ?

R. Voyez ch. VIII. Cas IV. V. VI. &
fuivans.

D. Comment peut-on favoir quand fon
affocié n'a plus de la couleur dans
laquelle on joue?

R. Voyez ch. IX.

D. Quelles raifons décident à jouer le
roi, la dame, & dans quel cas ne
les faut-il pas jouer?

R. Voyez chap. XVIII. Cas I. & fuivant.

D. Quand faut-il furcouper, ou ne pas
furcouper fon adverfaire?

R. Il faut le furcouper quand on eft
faible; mais quand on eft fort, il
faut l'amufer par une fauffe carte.

D. Si mon Adverfaire, à droite, entrait par une couleur dont j'ai l'as,
le roi, & la dame, pourquoi faudrait-il que je jouaffe l'as préférablement à la dame?

R. Parce qu'en jouant ainfi, vous faites donner votre adverfaire dans un
piége ; ce qui eft plus important pour
vous, dans ce cas, que de détrom-
per votre affocié.

D. Quand faut-il déclarer ou non la couleur forte que l'on a ?

R. On la doit déclarer quand on n'a qu'une carte de cette couleur, alors on fait atout pour la faire paſſer ; mais quand on eſt fort dans cette couleur, cela n'eſt pas preſſé.

D. Pourquoi faut-il jouer le dix, ſi l'as étant retourné a droite, je n'ai que le dix & le neuf ?

R. Voyez ch. XVI. Cas I.

D. Pourquoi faut-il jouer préférablement la couleur dans laquelle on a la dame, toutes les deux couleurs auſſi nombreuſes ?

R. Parce que, il y a deux à un, que l'adverſaire à gauche ne tient pas l'as, & cinq à quatre qu'il le tient ; il y a le double de riſque à jouer la dame, parce qu'elle a deux ennemis, au lieu que le roi n'en a qu'un : il en eſt de même de la dame & du valet, &c.

D. Quand l'on a les quatre premières cartes d'une couleur, pourquoi joue-t-on la meilleure ?

R. Pour faire connaître l'état de ſon jeu à ſon aſſocié.

D. Comment faut-il faire, pour tirer le meilleur parti poſſible, de la couleur forte de ſon aſſocié ?

R. Le chap. XI. en fournit fix exemples.

D. Quelles raifons doivent décider à
garder les meilleures cartes dans la
couleur forte de fes adverfaires ?

R. Voyez chap. XVIII. Cas I. & fuivans.

D. Mais fi on tournait la dame à droite
& que l'on ait l'as, le dix & un
triomphe, comment faudrait-il jouer,
fuppofé que l'adverfaire entrât par
le valet ?

R. Il faudroit le laiffer paffer, parce
que le fort eft égal de faire une levée
ou de ne la pas faire, & que, en
jouant ainfi, il eft rare de perdre.

EXEMPLE.

Suppofé que l'on ait joué quatre
cartes, que l'on ait fait deux fois atout,
que vous fuppofiez que le meilleur
triomphe de votre affocié foit le huit,
(quoiqu'il en ait) qu'il joue un troifième atout, que fon voifin le couvre
du valet, que le roi foit entre les mains
de l'autre adverfaire, & que vous ayez
en main l'as & la dame de triomphe, il
faut certainement jouer l'as, parce qu'il
y a deux à parier contre un, que vous

ferez tomber le roi avec votre as , &
que votre dame vous fera faire une autre levée.

On peut en pareil cas, jouer de même
dans toutes les autres couleurs.

AUTRE EXEMPLE.

Suppofez qu'il ne vous refte plus
que deux cartes dans une couleur ;
favoir , la dame & le dix : fuppofez
encore que votre adverfaire ait de cette
couleur , le valet & le neuf , que votre affocié entre dans cette couleur ,
que l'adverfaire à droite y mette le
neuf , & qu'il ne lui refte qu'une feule
carte ; il faut jouer votre dame , parce
que , de même que dans le cas précédent , il y a deux à parier contre un ,
que vous ferez tomber le valet ; & que ,
par-là , la dernière levée fera pour
vous.

Si quelqu'un voulait favoir quelle
eft la chance , que celui qui donne a
quatre triomphes ou plus , on lui di-
rait , qu'il y a 232 à 165 , ou environ
quinze contre onze qu'il a au moins
quatre triomphes dans la main , &
peut-être plus.

FIN.

TABLE

DES CHAPITRES

DU TRAITÉ DU JEU

DU WHISK.

Fin de la Table.

REGLES
DU JEU
DU REVERSIS.

Quand le plaisir & l'intérêt répandent, accréditent un jeu, on ne peut trop en faire connoître les régles. Le Reversis est devenu l'amusement du jour, le jeu de toutes les Sociétés. Vif & intéressant tout ensemble, on le demande, il plaît; que faut-il de plus pour nous inviter à en développer les principes,

& à prévenir par un exposé précis de connoissances qui ne s'acquierent que par l'habitude & des répétitions toujours ennuyeuses ? Nous ne nous piquerons pas de former un excellent joueur, c'est le temps & le goût qui le forment ; mais nos régles peuvent accélérer ce goût ; & sans être un joueur du premier ordre, après les avoir réfléchies, on en sçaura assez pour s'amuser soi-même, & ne pas faire languir les autres.

Le Reversis nous vient des Espagnols ; & ce n'est pas le seul jeu que cette Nation a donné à la Société : nous lui devons encore le jeu de l'Hombre, qui a passé, au Tre-Sette, qui ne fait que de naître : il

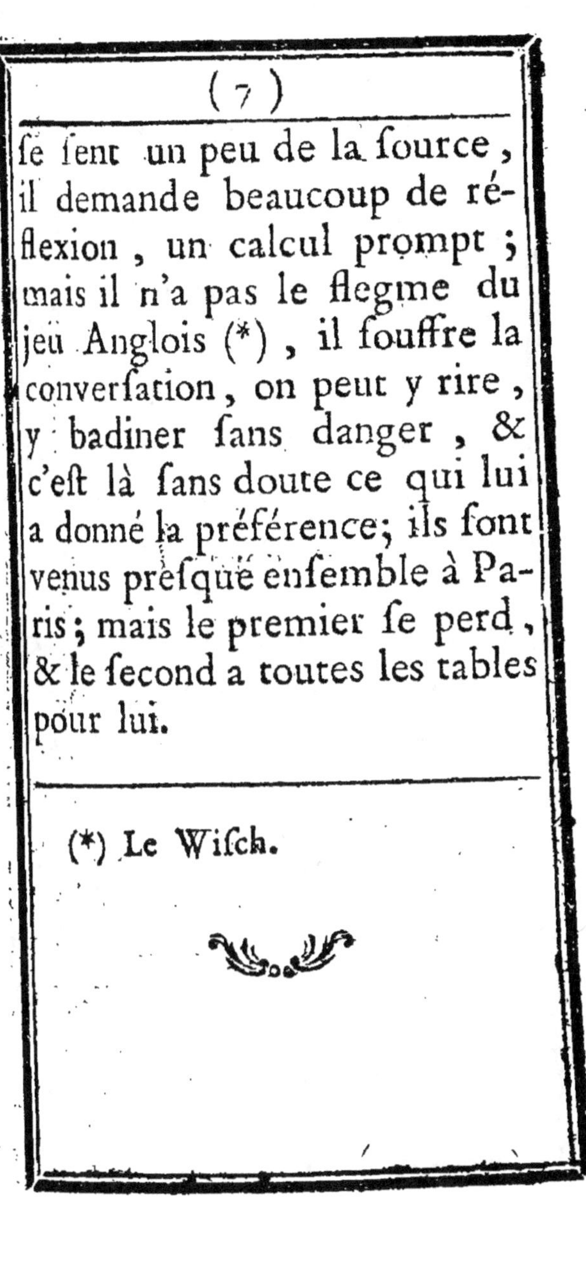

se sent un peu de la source,
il demande beaucoup de réflexion, un calcul prompt;
mais il n'a pas le flegme du
jeu Anglois (*), il souffre la
conversation, on peut y rire,
y badiner sans danger, &
c'est là sans doute ce qui lui
a donné la préférence; ils sont
venus presque ensemble à Paris; mais le premier se perd,
& le second a toutes les tables
pour lui.

(*) Le Wisch.

REGLES

ÉLÉMENTAIRES.

QUATRE boëtes remplies ordinairement de douze mille, deux jeux de cartes, voilà les armes du Reversis. Le jeu de cartes est entier, à l'exception des *dix*, qu'on ne retranche pas même dans quelques Provinces, & sans doute pour rendre le Reversis plus difficile à faire ; mais à Paris l'usage a prévalu, les *dix* sont retranchés ; l'*as*, comme au Piquet, a le premier rang, & successivement toutes les cartes ont leur valeur ordinaire.

On n'a point d'atout ou de triomphe marquée ; on ne tourne pas de carte, par conséquent les mains données, le premier à jouer choisit sa carte à son gré, & les trois autres joueurs font obligés de répondre à la couleur, mais fans être forcés de mettre au-deffus.

Si on fe trompe en donnant les cartes, ou qu'on en découvre une, on ne perd pas la main, on refait jufqu'à ce que les cartes foient bien données.

Dans tous les jeux, celui qui fait le plus de levées poffibles gagne la partie; dans celui-ci, le grand art eft de n'en point faire. La partie n'eft affurée qu'à celui qui a moins de levées, moins de points ;

& c'eft peut-être ce qui lui a fait donner le nom de Reverfis, ou de jeu renverfé.

On appelle *points* la valeur numéraire attribuée à chaque carte ; ainfi, l'as vaut quatre points, le roi trois, la dame deux, le valet un. J'ai dans une feule main deux as & un valet ; la main que j'ai fait vaut neuf points, & je perdrois la partie, fi quelqu'un plus heureux, quoique avec plus de levées, a moins de cartes majeures, moins de points.

Le valet de cœur, dans ce jeu, joue le plus grand rôle, c'eft lui qu'on arrofe, qu'on attaque, qu'on ménage le plus : on le nomme *Quinola* : rien n'eft plus intéreffant que de l'écarter ou de le conserver à propos.

Les cartes se distribuent de droite à gauche , on en ré-serve trois pour former le ta-lon ; celui qui tient la main donne deux fois quatre & une fois trois à chaque joueur ; lui seul en prend trois fois quatre ; mais toujours forcé d'en écarter une, il n'a pas la liberté , comme les autres, de retourner au talon.

L'écart est libre , excepté pour celui qui fait. On peut même voir sa carte ; mais après avoir averti qu'on s'en tient à son jeu , si on écarte on met sa carte dessous le pa-nier , qui doit se trouver tou-jours entre celui qui fait & celui qui doit faire.

Ce panier tient lieu de bourfe, & fert à recevoir la mife de chaque joueur, fuivant la convention.

Il eft d'ordinaire que chaque joueur arrofe le panier d'une ou de deux fiches, & celui qui tient la main en met le double. Cette mife eft la partie du Quinola ; on la gagne quand on place ce Quinola en renonce, c'eft-à-dire, lorfqu'on n'a pas de la couleur demandée, & qu'on le place fur la couleur abattue. On la perd quand on fe trouve forcé de répondre à cœur par ce valet, qui refte feul alors en main ; car, quoiqu'on ne foit point aftreint à recouvrir la carte forcée d'une autre carte fupérieure, on doit

néanmoins toujours répondre
à la couleur ; & celui qui renonce perd fans retour la partie du jeu, à moins qu'il n'ait
quatre as ; car alors il peut renoncer à toutes les couleurs :
mais fi on tente le Reverfis,
qu'il le laiffe faire avec fes
quatre as, on l'oblige feul à
le payer pour tous les joueurs ;
il y a donc, comme on le
voit, deux parties, l'une du
jeu, & l'autre du Quinola. La
première ne varie point, elle
eft toujours de quatre ou de
huit fiches ; celle du Quinola
varie fuivant le moment où
il tombe. Pendant le cours de
la partie, on le paie quatre
fiches, & le double fi c'eft à
la dernier carte.

Perdre la partie du Quinola , c'est en terme de Reverſis, faire la bête , & cette bête eſt toujours égale à la miſe du panier. S'il s'en fait pluſieurs, c'eſt-à-dire , ſi en jouant cœur on force ſucceſſivement le Quinola de tomber, ces bêtes ne courent point toutes enſemble ; mais la plus forte ſe place la derniere , & ainſi de ſuite , en rétrogradant , juſqu'à ce que les bêtes ſoient finies. J'ai vu néanmoins quelquefois réunir toutes les bêtes dans le panier ; mais cette réunion , qui ſent trop l'avidité du gain , ne ſe trouve que dans ces Sociétés où on ne s'amuſe qu'autant qu'on ſe propoſe de jouer gros jeu.

J'ai dit qu'on avoit donné aux cartes une valeur numé-

taire ; outre cette valeur elles
en ont une autre qui n'eſt auſſi
que de convention : on paie
les as d'une ou de deux fiches,
ſuivant la ſtipulation ; mais ce
paiement dépend de la maniere dont on les place. Si on me
force mon as , je paie deux
fiches à celui qui me force de
prendre ; mais ſi je mets mon
as en renonce , je reçois une
fiche de celui qui fait la main ;
l'as de carreau , & en quelques Sociétés , celui de cœur
ſe paient double : on appelle ce
paiement conſolation en quelques endroits. On la prend auſſi
pour avoir forcé , ou mis en
renonce le roi ou la dame de
cœur ; mais cet uſage n'eſt
pas général : on ne doit de
conſolation que pour les as &

le Quinola forcés; on a même cet avantage pour le Quinola, c'est de recevoir un paiement, & de celui à qui on le force, & des deux autres joueurs; mais ceux-ci ne donnent ordinairement que la moitié du contingent fourni par celui qui a reçu le Quinola. On a vu que le Quinola forcé ou mis en renonce à la derniere carte se paie double, la loi est la même pour les as. Si on est convenu de payer deux fiches, on en donne quatre alors; aussi un bon joueur ménage-t-il presque toujours ses as ou son Quinola à la bonne (*); dès qu'il a vu sur-tout que la couleur épuisée de l'un

____

(*) La derniere carte.

où de l'autre ne lui laiffe plus
rien à craindre.

Le premier en carte ouvre
ordinairement par cœur, afin
de forcer le Quinola ; ce n'eft
pas cependant vifer toujours
à fes intérêts : on s'expofe à
perdre la partie, en faifant le
plus de levées, ou le plus
grand nombre de points. Je
ne voudrois fuivre le Quinola
que lorfque le panier, déja
fort, invite à faire multiplier
les bêtes : je jouerai donc une
ou deux fois cœur pour fon-
der le gué ; & à moins qu'on
ne me force de continuer, je
changerai de couleur, je
commencerai par celle dont
j'ai le moins, afin de me
faire des renonces, & de placer mes cartes fortes ou mes

as. Mais si toutes mes cartes sont fortes, si j'ai une couleur nombreuse, je change mes batteries, je tente un reversis. Alors, au lieu de jouer cœur, je commence par mes plus hautes cartes : un as, un roi, &c. Je chasse d'une couleur à l'autre, pour masquer mon jeu ; & si j'ai une carte douteuse, j'attends à voir tomber toutes ses supérieures avant de la jouer, je la réserve pour la pénultiéme (*) ; & si elle fait sa main je gagne ce qu'on appelle le Reversis.

Faire le Reversis c'est donc faire toutes les mains sans exception : on reçoit alors huit

(*) L'avant-derniere.

fiches de chaque joueur : mais si on entreprend trop lé-gerement, & qu'on perde l'avant-derniere ou la derniere main, on paie huit fiches à celui qui gagne cette main ; si on le perd plutôt, on ne paie que la partie.

Quand on gagne le rever-sis, on se fait rendre, & les as qu'on a payés, & le Qui-nola ; ce n'est pas que celui qui l'a placé n'ait droit de retirer le panier, mais il ne reçoit rien de celui qui a fait le reversis ; il donne, comme les autres, ses huit fiches.....
Venons maintenant aux regles de convention.

REGLES
DE CONVENTION.

Cɛs régles font presque aussi multipliées que les lieux où le Reverfis s'eft établi. Chaque Société a fa maniere de jouer plus ou moins compliquée. On joue le jeu forcé, les tours doubles, les matadors, le vis-à-vis, le deffous du panier, les deux paniers.

Jouer le jeu forcé, c'eft obliger celui à qui le valet de cœur a paffé de le conferver, quoiqu'il paroiffe feul dans le jeu, ou qu'il n'ait qu'une ou deux baffes cartes en cœur pour le foutenir ; ainfi je n'ai que le valet & un neuf de cœur, il y a tout à parier que mon Quinola va être forcé. En tout autre circonftance je le mettrois à l'écart ; mais à raifon de la convention , je choifis toute autre carte; il faut que je coure les rifques de la bête ; c'eft la loi du jeu forcé. Elle n'a lieu, cette loi , que pendant la premiere tournée , & toutes les fois qu'il faut renouveller le panier .... On ne le fait point à Paris.

Les tours doubles commencent lorfque les huit tours de convention font finis. Alors s'il refte quelques bêtes au panier on propofe deux nouveaux tours ; & tant qu'ils durent on paie tout double : ce qui étoit taxé à deux fiches monte à quatre, ce qu'on paie quatre ne s'acquitte que par huit, &c. Quelquefois encore ces tours sont suivis de deux autres, & les paiemens alors deviennent triples.

Les *matadors*; cette régle de convention ne sert encore qu'à faire grossir les parties. On appelle matadors la tierce majeure en cœur, & le Roi de chaque couleur. Celui qui les reçoit en renonce paie une ou deux fiches, suivant la stipulation, & le double pour l'as de cœur; mais on observera que la dame de cœur n'est matador que dans le cas où l'on ne joue pas deux paniers, car alors elle sert de Quinola.

Le *vis-à-vis*, autre régle de convention, ne consiste qu'à faire payer ou donner double au joueur qui se trouve toujours en face. Ainsi, si par exemple on me force un as, je dois payer les fiches de convention à celui qui me le force, & autant à mon vis-à-vis. Si lui-même me force l'as, je lui donne deux fois la convention.

Jouer le dessous du panier, c'est convenir de payer, outre la partie, autant de fiches qu'il se trouve de points à l'écart. On se rappelle que l'écart est composé de quatre cartes, que l'as vaut quatre points, le roi trois, la dame deux, le valet un. Si donc je trouve sous le panier un as, une dame, deux valets, je reçois de celui qui perd la partie huit fiches, à raison des huit points qui font fous le panier, & quatre pour la partie.

Toutes ces régles font fimples; mais il n'en eft pas de même du Reverfis aux deux paniers, je crois qu'il demande plus d'adreffe, plus d'attention que le Reverfis fimple. On l'appelle Reverfis à deux paniers, parce qu'on fait un deuxieme panier pour la dame de cœur, qui devient auffi Quinola. Si le panier fimple eft de dix fiches, ce fecond eft de vingt; mais l'un ne s'enleve point fans l'autre : il faut que l'on ait fait la bête du premier panier pour qu'on

puiſſe eſpérer le gain, ou craindre de faire la bête du deuxieme panier ; & ce n'eſt point la
dame, par préférence au valet, qui enleve ou fait faire la
bête. C'eſt le dernier placé qui
enleve ou fait la bête du panier
le plus fort ; mais laiſſons ces
principes que nous dévelop-
perons après avoir apprïs à
placer le Quinola ſimple. Paſ-
ſons à ce qui intéreſſe le plus
dans le Reverſis, aux moyens
de b.en jouer.

REGLES

POUR BIEN JOUER.

On peut, comme nous l'avons dit, se proposer dans le Reversis trois choses, gagner la partie, faire le Reversis, placer le Quinola. Quels sont les moyens d'y réussir?

GAGNER LA PARTIE.

Gagner la partie, c'est faire le moins de levées ou avoir le moins de points possibles. Celui qui fait, & successivement en rétrogradant le plus proche du panier, a toujours la primauté, & à levées

& points égaux , il gagne la partie. Le grand art est de se ménager des renonces , & de se défaire toujours de ses cartes fortes , à moins qu'elles ne soient soutenues par deux ou trois autres trop foibles pour faire la main , ou qu'on ne craigne de rentrer par une carte douteuse , & de tenir les levées le reste de la partie ; mais ces principes s'éclairciront mieux par des exemples.

Premier Exemple.

J'AI le sept , le six de cœur ; le roi , dame de pique ; l'as de carreau , par le deux , sept , trois ; le neuf , cinq , deux de trefle. Je suppose mon écart fait : on joue cœur , j'obéis à la couleur demandée; & comme on pourſuit le Quinola par deux autres cœurs , je me défais de la dame , du roi de pique : c'eſt me procurer une renonce; je n'ai plus à craindre que pour mon as de carreau, que je place ſur pique , qu'on joue. Si on continue , je donne encore le neuf de trefle , puis le ſept de carreau ; & avec mes quatre baſſes cartes je ne rentre plus , je gagne la partie , ſi j'ai la primauté.

Deuxieme Exemple.

J'ai le valet, neuf, ſept, quatre de carreau ; roi, huit, cinq de trefle ; as, huit de cœur ; trois, cinq, quatre de pique : mon as de cœur écarté, le roi de pique me rentre, je tiens la main & je joue cœur ; on continue, je me défais du roi de trefle, & ensuite du valet, neuf de carreau. On joue pique, je jette le quatre, puis le cinq, qui fait sa main. Je joue le huit de trefle, la levée me passe encore. Je prends carreau par le sept, qu'on me laisse aller ; je suis cette couleur, je ne rentre plus, mon roi de pique se place en renonce ; & avec deux levées je gagne encore la partie, parce que je n'ai que trois points, & qu'aucun des joueurs n'en a moins.

Troisieme Exemple.

J'AI cinq cartes d'une couleur, le valet de cœur quatrieme, un neuf de trefle & le trois de carreau : je réponds à trefle joué par mon neuf, & comme la main me paſſe, je prends une carte de ma couleur forte, le cinq, par exemple : un autre joueur prend la levée, & joue cœur quatre fois ; j'obéis, je perds mon Quinola ; mais pour gagner la partie, comme mon Quinola s'eſt trouvé ſeul à la levée, & ne vaut qu'un point, je joue mon carreau, & par-là je ne rentre plus : quoiqu'on prenne ma couleur forte, je ne réponds que par mes plus baſſes.

Quatrieme Exemple.

J'AI trois cartes de chaque couleur, il n'y a pas d'apparence que je me fasse de renonce : alors je ne vise plus qu'à prendre les levées les mois chargées de points, & à me défaire de mes plus hautes, pour ne point recevoir le Quinola. Je cherche moins à gagner la partie qu'à ne la pas perdre. Je borne toutes mes prétentions à me sauver malgré mon mauvais jeu ; mais si j'ai le Quinola & un jeu à gagner la partie, que je ne gagnerois pas si je veux placer mon Quinola en renonce, je sacrifie le gain de la partie à celui du Quinola ; je ne m'attache qu'à le sauver,

& une fois placé en renonce, je ménagerois mon jeu pour la partie : c'eſt là ſur-tout la pratique des bons joueurs, dans le cas où ils ont ce qu'on appelle un Quinola embarraſ-ſé : ils jouent les cartes ſupé-rieures juſqu'à ce qu'ils ſe ſoient procurés renonce, & qu'ils ne craignent plus de rentrer. Ils perdent la partie, mais leur Quinola, placé à la bonne, les dédommage de cette partie par la paie dou-ble qu'ils reçoivent & par le panier.

FAIRE LE REVERSIS.

On n'entreprend le Rever-ſis que lorſqu'on a un jeu fort, des cartes ſupérieures,

ou une couleur presqu'entie-
re : on le tente souvent sans
fruit ; mais un joueur adroit,
en masquant son jeu, se l'as-
sure même avec des cartes
qui semblent ne le pas pro-
mettre.

Premier Exemple.

J'ai le huit, le neuf de trefle ; la tierce majeure en carreau ; la dame, valet, dix & as
de pique ; le roi de cœur &
le neuf. Je prends du roi de
cœur, si on a ouvert le jeu
par cette couleur, ou plutôt
du neuf, si toutes les cartes
jouées lui sont inférieures :
je fais passer ma tierce majeure en carreau, un trefle ensuite. Si je m'apperçois qu'on
s'en défasse, ou la tierce de

pique. Si les trefles ne font point encore tombés; & quoique près de ma derniere carte, je n'aie pas vu l'as de trefle ou celui de cœur tomber, j'ai lieu de préfumer qu'ils font à l'écart, & que mon Reverfis ne fera point rompu.

Deuxieme Exemple.

J'ai fix cartes d'une même couleur, le roi, valet & as de pique; le valet & le roi de carreau, l'as de cœur : puis-je efpérer fur le Reverfis? Si je ne joue pas d'abord ma couleur forte, où j'ai contre l'as & le roi, il y a tout à parier que mon Reverfis réuffira : je jouerai donc deux piques, mon roi de carreau, deux cartes de ma couleur

forte, & les plus hautes, ensuite le valet de carreau ; & si
toutes ces mains me passent,
je reviens à ma couleur dominante , avec laquelle je
tiens la main jusqu'à la fin,
sans interruption, parce qu'on
s'est défait sur mes piques
& carreau.

Troisieme Exemple.

MA couleur dominante est
cœur par le roi, le Quinola,
le neuf, le cinq, quatre, six ;
trois carreaux, neuf, huit &
le roi ; l'as & le roi de pique :
y a-t-il à présumer que je ferai
le Reversis ? oui, en essayant
d'abord si on n'auroit pas écarté
l'as de cœur. Je jouerai donc le
roi & le neuf de cœur, l'as
& le roi de pique , mes car-

reaux, & le six de cœur ensuite ; & si tout me passe, afin
d'y placer mon Quinola, je le
réserve pour l'avant-derniere
main ; & par là je fais tout à
la fois & un Reversis, & le
gain du panier, que je n'au-
rois point eu si j'eusse placé le
Quinola en tout autre temps
de la partie.

Cette regle n'est pas néanmoins absolue : j'ai vu des
Sociétés où le panier étoit assuré au Quinola, placé dans un
Reversis, quoiqu'on l'eût mis
de la quatrieme ou sixieme
main : on ne peut trop demander l'usage, pour n'être
pas la dupe de ces régles ar-
bitraires.

PLACER LE QUINOLA.

On porte le Quinola, comme nous l'avons dit, avec trois ou quatre cœur, pour l'accompagner ; mais ce n'est pas assez, il faut le placer en renonce, & le porter à propos ; & c'est ce que nous voulons encore éclaircir par quelques exemples.

Premier Exemple.

J'ai, pour accompagner mon Quinola, l'as, le roi & le quatre de cœur ; le six, quatre, deux de trefle ; le roi & le neuf de pique ; la dame & le trois de carreau : toutes mes cartes sont doubles. On joue cœur, je laisse

paſſer la premiere levée , j'a-
rête le ſecond par le roi , &
je joue mes deux piques , ma
dame de carreau enſuite , &
le trois. Par ce moyen j'ai
deux renonces : on joue cœur,
je prends encore la main &
je ſors , ſinon par mon ſix ,
du moins par le quatre de
trefle : cette derniere carte
met mon Quinola à l'abri ;
j'ai l'option de le placer à la
bonne ; je ſuis ſûr du panier.

Deuxieme Exemple.

MON jeu n'eſt compoſé
que de trois couleurs , carreau , pique & cœur : toutes
mes cartes ſont fortes , & je
ſuis premier à jouer. En carreau j'ai le roi , le neuf , le

six ; en pique, la dame, le huit, le cinq ; en cœur, le valet cinquieme, par le neuf, le trois, quatre, deux : je commence par me défaire de mes deux couleurs fortes : je joue enfuite le neuf de cœur, puis l quatre : il eft clair que je fortirai par cette carte baffe, & que mon Quinola fera même placé à la bonne, à moins qu'il ne fe trouve cinq cœurs dans une main.

Troisieme Exemple.

JE me trouve avec fix cœurs & deux autres couleurs fortes ; je n'ai pour fortie qu'un cinq de cœur, que je pourrois placer à la troifieme carte ; dois-je le faire, afin de placer plus aifément le Quinola ? Non, puisque ce seroit s'exposer à perdre la partie & le panier : car si on rentre par une des couleurs fortes on est forcé de tenir la main, on gorge le Quinola, c'est-à-dire, on est obligé de le jouer soi même, & alors il se paie à celui qui gagne la partie.

J'aimerois donc mieux entreprendre le Reversis ; ma carte douteuse pourra passer en la réservant la derniere.

Je viens d'expliquer ce qu'on appelle gorger le Quinola. Quand on ne peut éviter ce mauvais coup, il faut avoir attention de ne pas jetter ce Quinola la derniere carte ; car alors on le paieroit aussi double, par la raison que

tout ce qui se place à la bonne est sujet à ce tribut.

DE L'ÉCART.

L'ÉCART, quoique fait d'une simple carte, peut in-
fluer singuliérement sur le gain ou la perte d'une partie : un écart mal fait dérange quelquefois tout un jeu. Généralement parlant on doit le faire d'une carte supérieure ;
comme d'un as, d'un Roi ; mais cette régle souffre aussi
bien des exceptions : car ou cette carte supérieure est accompagnée de quelques bas-
ses cartes, ou j'ai lieu de craindre la rentrée du Quinola ; & cette crainte ne doit arrêter que dans le moment

où l'on voit le panier fort en bête. Si ma carte supérieure, mon as, par exemple, est accompagné d'un quatre, d'un six, d'un trois, j'ai lieu de présumer qu'on ne me forcera pas à la placer ; j'irai donc en chercher plutôt une qui me fera renonce, ou je me tiendrai à mon jeu ; c'est la même chose si je crains la rentrée du Quinola. Je me contente alors de voir la carte du talon ; je joue avec celle que j'ai en main, sans m'exposer aux risques du Quinola. Je dis la même chose lorsqu'on veut tenter un Reversis : écartez, si vous n'avez qu'une seule carte basse ; mais tenez vous à votre jeu, si votre douteuse est au-dessus du six.

Mais si vous avez un Quinola seul , ou un as , ne balancez pas , écartez votre as ou votre Quinola, même troisieme; car, en le conservant, la perte est presque sûre. On joue le plus souvent trois fois cœur avant de tenter toute autre couleur. Si vous avez deux renonces , ou si vous tenez la main les risques sont moins grands. On peut le sauver en masquant son jeu : avezvous encore l'as de cœur seul & un autre as ; écartez , par préférence l'as de cœur : c'est la premiere couleur, on vous la forceroit inévitablement , au lieu que l'autre se placera presque sûrement en renonce.

DES DEUX QUINOLA.

On choisit pour second Quinola, comme je l'ai déjà dit, la dame de cœur ; mais quand on joue cette partie, il faut toute l'attention possible pour ne point faire la bête : d'abord on ne doit porter alors ni le valet ni la dame troisieme, car l'envie de faire gorger le Quinola fait jouer cœur sans relâche, & il y a dix à parier contre un, que sur les trois joueurs, deux au moins auront comme vous trois cœurs. Si néanmoins les deux Quinola se trouvent ensemble, & que vous n'ayiez qu'un autre cœur pour les soutenir, écartez-en un des deux :

vous ſerez expoſé à faire la bête, mais il ne ſera toujours que du panier le plus foible : portez - le donc quelquefois quatrieme, toujours cinquieme, vous avez toute eſpérance, ſur-tout ſi vous avez des renonces avec deux Quinola cinquieme dans la même main : ſouvent on fait une bête au petit panier ; mais le grand panier dédommage ; & rarement on court riſque de faire les deux bêtes.

Obſervez donc tout ce qui ſe paſſe, ſoyez attentif à toutes les cartes, calculez votre jeu & l'écart, vous deviendrez à coup ſûr un bon joueur. L'uſage fera alors plus que tous les Maîtres.

F I N.

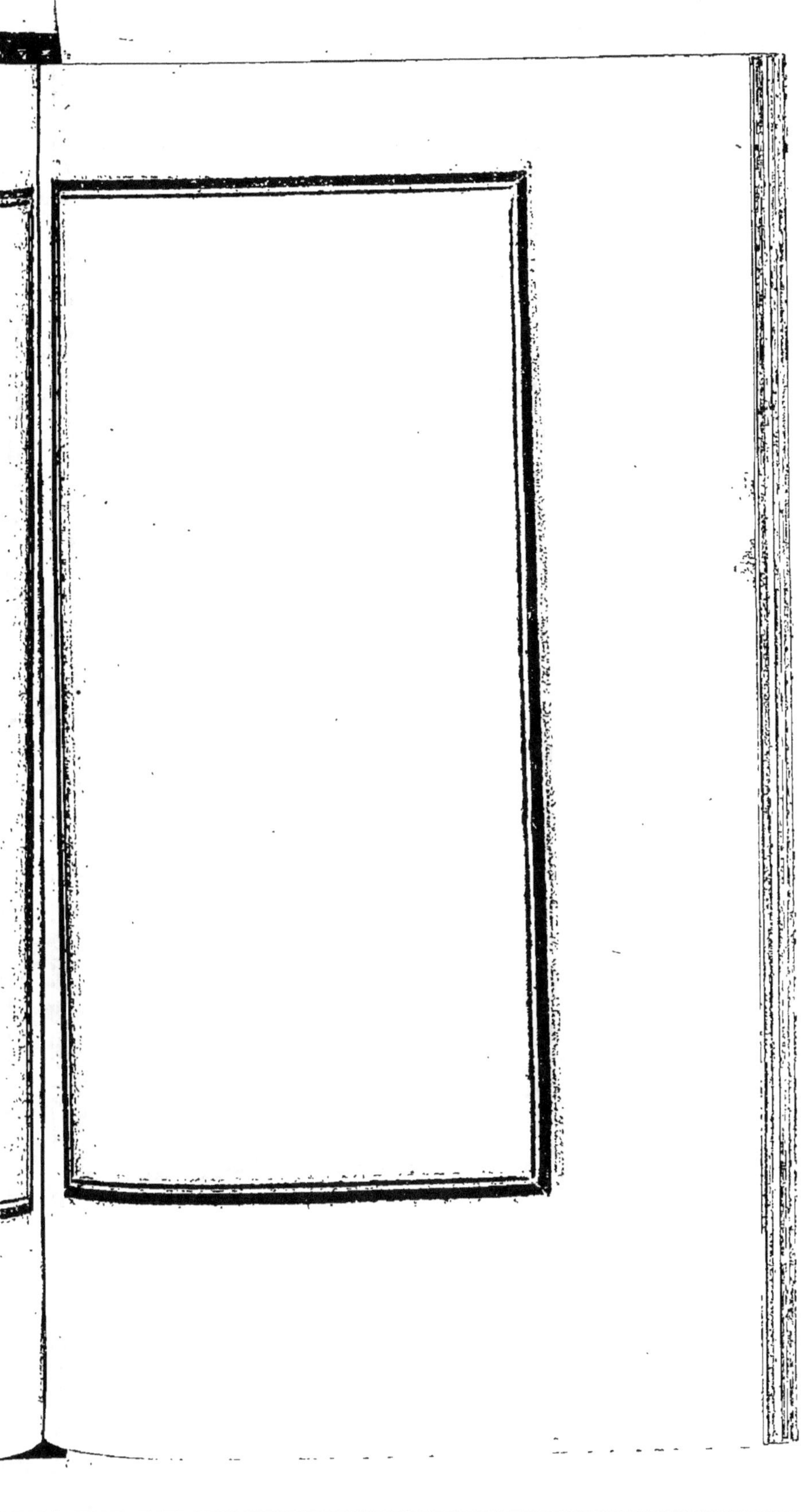

LETRE-SETTE,

OU REGLES

DU JEU DU TROIS-SEPT,

ORDRE DU JEU.

§. I.

PLUS un jeu est sujet à avoir des regles, plus il demande l'attention de ceux qui le jouent. Chaque carte, au *trois-sept*, est, pour ainsi dire, assujettie à des regles établies, & rien n'y est arbitraire : il est donc d'une nécessité indispensable, tant à les bien connoître, qu'à s'y conformer en tout point.

A ij

§. 2.

Ce jeu doit son invention à l'Espagne ; il se ressent un peu du flegme qu'on attribue à cette grave nation, & veut être joué sans la moindre distraction.

§. 3.

Selon sa premiere institution, il doit être joué à quatre, deux contre-deux, les compagnons placés vis-à-vis en forme de croix.

§. 4.

Les cartes dont on se sert au jeu de quadrille, servent aussi au *trois-sept.* Chacun joue avec dix cartes qui se donnent en trois fois, & chaque carte est bonne dans sa couleur, le trois est la premiere après le deux, ensuite l'as, le roi, la dame, le valet, le sept, jusqu'au quatre inclusivement.

§. 5.

REGLE. Si on donne mal les cartes, à une près, & si celui qui a la main est content de son jeu, il est le maître de tirer ou de faire tirer, sans voir, une carte hors du jeu de celui qui en a une de trop, & peut continuer ; mais si l'erreur est de plus d'une carte, il faut en donner d'autres ; sans que celui qui a la main la perde.

§. 6.

EN se mettant au jeu, un de ceux qui jouent ensem-

ble , se pourvoit de vingt-un
jettons , dont pour la com-
modité , on a accoutumé de se
servir d'un qui est plus grand
que les autres , & qu'on fait
valoir pour dix , & onze petits
jettons.

§. 7.

La partie est fixée aux points
vingt-un ; elle est payée avec
une fiche d'une valeur stipulée.
Si l'on parvient à marquer tous
les vingt-un jettons, avant que
la contre-partie ait marqué
onze des leurs , on gagne une
partie double , qu'on paye avec
deux fiches.

§. 8.

On fait des points de deux
manieres ; avant de jouer , ce

qu'on appelle points d'annonce; & après que chacun a joué
ses dix cartes, ce qu'on appelle
points de jeu.

§. 9.

En premier lieu, quand celui qui est en main a joué une
carte, & que les trois autres y
ont fourni, il examine son jeu.
& fait son annonce de la façon
suivante. Le trois, le deux &
l'as de la même couleur & dans
une seule main, s'appellent
néapolitaine; on la montre,
& on marque trois points. Si
les cartes qui sont avec vont de
suite, comme, roi, dame,
valet, sept, &c. on compte
autant de points qu'on a montré de cartes; pour 3 trois, 3
deux, 3 as, & 3 sept, on mar-

que trois; & pour tous les quatre de ces même cartes, on
marque 4 jettons; pour 3 rois,
3 dames, 3 valets jusqu'au
quatre, on marque un; & pour
les quatre de ces mêmes cartes,
2 jettons.

REGLE. Il faut annoncer les
cartes dans l'ordre qu'on se
trouve placé, n'étant pas permis, ni d'annoncer, ni de fournir aucune carte avant son tour;
car ayant la main, si l'on annonce 3 trois, 3 deux, ou 3 as,
avant que d'avoir joué une carte, on peut obliger celui qui
l'a fait, de jouer une de celles
qu'il vient d'annoncer, ce qui
très-souvent pourra gâter tout
son jeu.

REGLE. Si l'on ne montre
tout de suite les cartes dont on

annonce trois, il faut d'abord dire quel deux , quel trois, quel as il lui manque, parce que celui qui les demandera, va découvrir qu'il n'a point dans son jeu celui qui manque dans le jeu de celui qui a annoncé.

§. 10.

On compte les points du jeu de la façon suivante : trois figures , de quelle couleur qu'elles soient, font un point ; les trois, les deux, les rois, les dames & les valets sont compris dans les figures ; les autres cartes, depuis le sept jusqu'au quatre, ne se comptent que dans l'annonce. L'as fait tout seul un point ; c'est pour cela qu'on lui donne tant la chasse. Toutes les cartes contiennent dix points & deux figures qui ne se comptent point. La derniere levée fait un point toute seule.

§. 11.

LES parties d'honneur à ce jeu, se gagnent de cinq différentes façons ; savoir :

Par
- Strammasette,
- Strammason,
- Callade,
- Calladon,
- Calladondrion.

Strammasette est fait, quand les deux qui jouent ensemble ont fait unaniment toutes les levées, à une près, qui ne contient ni un as, ni trois

(11)

figures néceffaires pour faire un point (bien entendu que la levée qu'ont eu les adver-faires ne doit point être la derniere) car fut - elle toute blanche, elle eft comptée pour un point. (§. 10. Ce coup eft payé par trois fiches, fans compter ce que les onze points font pour la partie).

Strammafon eft fait, quand un feul des joüeurs, fans aide de fon vis-à-vis, fait la même chofe ; on le paye avec fix fiches. Il faut convenir d'avan-ce fi le coup honoraire fera payé ou non, car comme il arrive rarement, beaucoup de perfonnes ne le connoif-fent pas.

Callade fe fait, quand les deux qui jouent enfemble

font unanimement toutes les levées. Il est payé avec quatre fiches.

Calladon ; quand un tout seul fait toutes les levées. Il se paye huit fiches.

Calladondrion, quand celui qui est premier à jouer, peut montrer une néapolitaine dixieme ; il se paye avec seize fiches. Dans tous ces coups, les onze points de cartes se comptent au profit de la partie, laquelle n'a rien de commun avec les parties d'honneur.

§. 12.

CELUI qui annonce & qui gagne par seul annonce la partie, soit simple ou double,

un

ne peut jamais avoir du reste pour la partie suivante ; au lieu que celui qui fait au jeu plus de points qu'il ne lui en faut pour gagner la partie , il a cela de bon pour la partie suivante.

§. 13.

Il est toujours permis de demander compte de l'annonce, jusqu'à ce que la premiere levée soit couverte , & avant que la seconde soit jouée ; mais pas plus tard , & alors on doit s'en prendre à sa mémoire.

§. 14.

Quelques-uns ont accoutumé de payer une partie simple pour les trois sept , &

une partie double pour les
quatre ; mais comme il n'y a
nulle propofition dans ce hafard, il en faut convenir d'a-
vance, faute de quoi on ne
peut marquer que trois ou
quatre points, (§. 9.)

REGLES
POUR JOUER.

REGLE PREMIERE.

Toutes les cartes données, & le jeu bien examiné, on joue une carte ; si étant premier, on a en main une néapolitaine (§. 9), on commence par en jouer l'as ; afin que son vis - à - vis n'en soit point trompé, étant placé pour la jouer, on a la liberté de l'accuser d'abord.

I I.

Si on a un trois avec le deux, & une ou deux petites cartes de la même couleur, de façon qu'on ne puisse pas espérer que l'as & toutes les groſſes cartes tombent là-deſſus, il faut commencer par le deux , ce qui avertit ſon vis-à-vis , s'il a l'as troiſieme ou quatrieme , de le prendre en main , & de lui marquer , en ſe défaiſant premiérement d'une plus petite , & après d'une plus groſſe carte de la même couleur , comme , par exemple , en mettant ſur le deux un ſix ou un ſept , & ſur le trois un valet , ou une dame. Si le vis-à-vis n'a pas l'as , il jette d'abord ſur le deux la plus forte de ſes cartes , dans la figure jouée.

III.

Sɪ l'on ſe trouve avec un trois , cinquieme par l'as , & même ſixieme ou ſeptieme par

le roi, il faut commencer par
jouer le trois. Le trois joué ,
son vis-à-vis est averti à lui
donner le deux s'il l'a ; sinon,
il peut espérer qu'il tombera
chez les adversaires , ce qui
rendra bonne toute la suite.

I V.

INVITE.

Faute de cartes de cette force,
ou commence par faire une invite, elle se fait différemment:
quand ayant la main on joue
un deux , c'est la plus grande
des invites ; qui suppose l'as
avec une grande suite. Il faut
alors qu'il releve avec le trois,
s'il l'a, & qu'il joue une autre
de la même couleur, si tant
est qu'il n'a pas lui-même une
néapolitaine dans une autre

couleur, qu'il n'a pas pu accuser, ou qu'il craigne ne pouvoir point lui marquer par les
cartes qu'il voudra jetter fur
les cartes sûres & franches de
fon ami ; auquel cas il joue
premiérement toutes fes cartes fortes , & rentre enfuite
dans l'invite qui lui a été faite,
ou dans quelque autre couleur
qu'on lui a marquée par les
cartes jettées.

V.

QUAND on joue une carte
baffe, comme un quatre, cinq,
fix ou fept, c'eft une invite fur
un trois , un deux ou un as.
On appelle répondre à l'invite , en prenant la levée par
la plus forte de fes cartes, &
en y retournant par une au-

tre moins grande que la premiere.

VI.

CONTRE-INVITE.

Faire une contre-invite, c'est
quand on s'empare de la premiere carte jouée , par une
autre carte que celle que son
vis-à-vis paroît avoir defirée
en faisant son invite; & quand
on rejoue une baffe de la couleur , ce qui dénote une fuite
affurée , & probablement plus
grande que celle que l'on fup-
pofe chez fon ami.

VII.

Si on a un ou deux trois
dans fa main , qui ne font accompagnés que d'une ou deux
figures , ou feulement d'une
ou deux petites cartes , il ne

faut point y faire une invite,
parce que votre vis-à-vis y ré-
pondant, pourroit avoir une
suite dans cette couleur, &
vous ne pouvant plus le remettre au jeu, empêcheriez
peut-être par-là un grand coup.

VIII.

Si l'on n'a pas de quoi faire
une bonne invite, c'est-à-dire
un trois bien accompagné, ou
un deux par l'as (car les invites
sur les deux ne doivent jamais
se faire que par nécessité, encore faut-il les avoir quatrième ou cinquième) , on joue
alors une figure d'une couleur
où l'on se trouve la plus grande
suite, tant pour chercher la
force de son vis - à - vis, que
pour faire surcouper un deux,

ou un as à ses adversaires , &
que par ce moyen son vis-à vis
entrant au jeu , puisse voir en
quelle couleur celui qui vient
de jouer la figure a sa force.

I X.

QUAND les 3 trois sont an-
noncés du vis-à-vis, une invite
sur le deux, dans une des deux
couleurs , est très - bonne. Si
l'on n'a pas alors une assez
grande suite pour faire une
invite , il faut jouer le deux
pour montrer qu'on l'a , &
pour laisser l'autre le maître de
le prendre ou le gagner.

X.

TOUTE carte que joue celui
qui a annoncé 3 trois, est cen-
sée être invite, & demande

que son vis-à-vis joue en conséquence.

XI.

Si la premiere carte qu'on
joue est un roi, son vis-à-vis
doit lui supposer ou l'as gardé,
ou une bonne suite dans cette
même couleur, & l'on fait
toujours mal de jouer une figure dans le commencement
du jeu, dans une couleur où
l'on n'a qu'une ou deux cartes,
si tant est qu'on peut faire autrement.

XII.

Quand, selon ses cartes,
on ne craint d'être fait ni
strammasette, ni callade, &c.
& qu'on ne se trouve pas de
quoi faire une bonne invite,
se trouvant avec un roi ou

dame cinquieme, on joue alors
une petite dans cette couleur,
afin de faire manger un deux
ou un as à ses adversaires, &
à se procurer par-là quelque
avantage. Cela s'appelle faire
une fausse invite.

XIII.

Si un des adversaires fait
une invite, & qu'on se trouve
avec le deux troisieme, il ne
faut jamais couper avec le
deux, puisqu'on pourra par-là
recevoir une levée de stram-
maserte, ou l'on pourra être
surcoupé par le trois du vis-à-
vis de celui qui a joué la petite; ou aussi on empêchera
son vis-à-vis à se servir à propos de son as. Ce qui est le pis,
de tout & le plus sûr, c'est

qu'on rendra la suite de son
adversaire bonne par - là ; de
même que si l'on se trouve en
dernier avec un trois second
ou troisieme , il ne faut jamais
prendre une levée qui ne fait
un point , à moins que vos
cartes ne vous l'ordonnent autrement , & que vous soyez
hors de tout danger.

X I V.

Sı le vis-à-vis a fait une invite , on fait toujours bien de
mettre l'as là-dessus , dût-on
l'avoir troisieme ; car si celui
qui est placé avant vous , n'a
pas voulu mettre son deux ou
son trois là dessus , votre as
vous reste ; si celui qui est après
vous , vous surcoupe , vous

rendrez toujours le deux de votre vis-à-vis, bon, & par conséquent toute sa suite.

X V.

Il ne faut jamais épargner une figure sur la premiere carte que l'on joue, & qui est d'une espece à être prise, pour éviter à être fait strammasette, en cas que votre ami se trouve obligé à la perdre; & si, malgré toutes vos précautions, une pareille levée vous rentre, & que vous vous trouviez avec de mauvaises cartes, votre premier soin doit être de vous faire avoir le point, ou en jouant un trois, si vous en avez, ou en cherchant votre vis-à-vis dans les annonces qu'il vous aura faites. Si

pour vous tirer de strammasette , vous jouez un trois , il
faut, dans ce cas , que votre
ami ne vous donne point son
deux , puisqu'il doit s'apper
cevoir que c'est la nécessité
qui vous y oblige.

X V I.

Il faut avoir une attention
infinie pour se souvenir de
toutes cartes annoncées , de
toutes les invités qui ont été
faites depuis le commence
ment du jeu d'un côté & de
l'autre , de toutes les cartes
qui sont devenues rois , & de
tout ce qu'on aura jetté , depuis qu'on n'aura plus fourni
dans les couleurs ; ouées ; faute
de cela , aucun grand coup ne
se fera jamais, si ce n'est par
hasard.

XVII.

On marque son jeu de la façon suivante : par exemple, je suis en main avec une grande suite en cœur qui est devenue bonne ; si celui qui est avec moi n'a plus de cette couleur, il commence à se défaite d'un cœur, après d'un carreau, & ensuite d'une autre carte dans une de ces deux couleurs, il est sûr qu'il a le trois de trefle ; c'est pourquoi quand mes cartes franches font finies, je lui joue la plus forte de celles que j'ai dans la couleur qu'il vient de marquer. On marque de même par les deux, quand on n'a pas de trois, excepté quand on joue pour finir une partie bien avancée ; car alors on ne doit jamais marquer fort fur un deux, crainte de pouvoir tromper fon vis - à - vis, & de lui faire perdre une partie qui eft déjà gagnée.

XVIII.

Il peut arriver qu'on n'a qu'une couleur en main, de forte qu'on ne peut point la marquer que par des cartes de la même couleur ; il faut donc commencer à jetter premiérement les plus petites, & après, les plus grandes ; & l'ami y prêtant attention, pourra juger de fa force dans cette couleur.

XIX.

Le grand art de ce jeu étant de bien faire connoître fon

fort & son foible à son vis-à-
vis; il faut avoir la précaution
quand on est au jeu avec une
néapolitaine , ou une autre
suite de cartes rois , de jouer
si l'on a un trois d'une autre
couleur, avant que de continuer sa suite. Cela avertit son
vis-à-vis de garder son deux
& sa suite dans cette couleur ,
& de la lui marquer en ne jettant plus de cette couleur , ou
en n'en jettant qu'après d'autres , des couleurs où il n'a
point sa force.

X X.

On ne peut bien marquer
son jeu que sur les levées qui
appartiennent à son ami : car
sur celles des autres , on ne
cherche qu'à se garder contre

la force oppofée ; finon vers la
fin du jeu , où il eft très-nécef-
faire de bien marquer à fon
vis-à-vis en quelle couleur on
eft affuré , afin qu'il fe garde
dans une autre.

XXI.

Cette façon de marquer le
jeu des deux qui jouent enfemble , fert d'avertiffement aux
adverfaires de fe tenir en garde ; & le plus sûr moyen d'é-
viter de grands coups , c'eft de
fe bien garder dans la couleur
où le vis-à-vis de celui qui eft
au jeu montre fa force.

XXII.

Si chez les adverfaires on
a entendu annoncer une ou
deux néapolitaines , 3 trois ;
ou fi l'on craint une ou deux

couleurs entieres, il faut, pour
se garantir d'être fait strammasette, ou callade, &c. que
celui qui se trouve avec un
trois & deux d'une même couleur, se défasse d'abord du
trois, ce qui marque qu'il a
le deux ; de même celui qui a
un deux par l'as bien accompagné, s'en aille avec le deux,
pour marquer son as assuré.

XXIII.

Si l'on joue pour trois points,
&c. pour gagner, & les adversaires pour deux, ou plus,
pour sortir hors du double, ou
pour gagner une partie simple,
lesquels points ne se peuvent
trouver à annoncer jusqu'à un
point près ; & en jouant, se
faire un aussi grand reste pour

la partie fuivante, que faire
fe pourra; & ne pouvant plus
rien faire, ils détalent leurs
cartes fans aller plus loin.

XXIV.

Les deux qui jouent enfemble peuvent examiner leurs
propres levées autant que bon
leur femblera, mais de celles
des autres, on ne peut voir
que la premiere. Vu cette liberté, fi quelqu'un jette fon
jeu, & fe dit dehors lorfqu'il
ne l'eft pas, il cede au profit
des adverfaires toutes les cartes qui reftent en main, & eft
obligé de leur payer la partie,
fi par - là ils peuvent fortir,
finon la partie eft toujours
manquée pour lui, & on recommence fur nouveaux frais.

XXV.

Si en jouant pour quatre points on se trouvoit avoir quatre trois, ou quatre deux, on est le maître de n'en accuser que trois, & on en montre tous les quatre, de même ayant une néapolitaine quatrieme & plus, on n'en montre que tant qu'il en faut pour qu'il reste un point ; & on fait en jouant autant de points qu'il est possible de se procurer.

XXVI.

Celui qui en jouant pour trois points, annonce par inadvertence autant de cartes, est censé être hors du jeu ; on lui paye la partie, & il ne peut plus profiter de son jeu, eût-il une callade, ou calladon en main.

XXVII.

Comme dans ce jeu chaque carte parle, ou du moins signifie quelque chose, il demande de la part des joueurs un grand silence. Le moindre mot qu'on dit sur son jeu tire à conséquence. Il faut sur-tout se déterminer à gagner ou à perdre sans une réflexion trop marquée ; car pour peu qu'on hésite là-dessus, on découvre son jeu au profit des autres.

XXVIII.

On joue ce jeu en autant de tours que l'on veut, pourvu qu'on en convienne d'avance : les tours stipulés finis, on fait une partie sans reste.

XXIX.

Quand les joueurs ne font point d'une égale force , on peut changer à chaque tour, c'est-à-dire à la quatrieme marque d'un chacun qui fait les cartes. On tire au fort qui doit commencer.

Quand on aura bien appris toutes les regles , & que l'on saura les employer à propos, on trouvera le *Trois-sept* un très-beau jeu ; l'habitude & la réflexion fourniront ensuite des regles plus particulieres, comme pour faire adroitement strammasette , callade , & principalement calladon , & pour l'éviter. J'ai évité dans mes regles toutes sortes de chicanes, en quoi aussi elles différent beaucoup de celles d'un auteur anonyme, dans son livre intitulé *le Jeu de Trois-sept*, selon les regles traduites de l'Italien; & je me flatte qu'un Lecteur attentif pourra apprendre à jouer sans aucun autre aide : ce que je doute fort qu'aucun ne fasse par le moyen du livre en question.

FIN.

Lu & Approuvé ce 23 *Fév.* 1773.

MARIN.

Vu l'Approbation, permis d'imprimer ce 28 Fév. 1773.

DE SARTINE.

LES REGLES

DU JEU

DE PIQUET,

AVEC les Décisions des meilleurs Joueurs sur les Coups les plus difficiles.

A PARIS,

Chez FOURNIER, Libraire, à l'entrée du quai des Augustins, près le Pont St. Michel, à la Providence.

LES REGLES
DU JEU,
DE PIQUET,

Avec les Décisions des meilleurs Joueurs sur les Coups les plus difficiles.

AVANT-PROPOS.

Ceux qui savent le Jeu de Piquet, conviennent que c'est un des plus

beaux jeux qui se jouent
aux Cartes, & dont l'on
ne s'est jamais lassé,
comme de la plûpart des
autres qui ne font en
regne qu'un certain
temps, après quoi ils
tombent.

Les Regles qu'on en
a données jusqu'à pré-
sent different tellement
de celles que l'on suit
dans les Académies &
Maisons où l'on joue ce
Jeu, qu'il a paru à pro-
pos d'en faire un nou-
veau Traité, dans lequel
on ne donnera les Regles

que fur un ufage univer-
fellement reçu, ou fur les
décifions des meilleurs
Joueurs de Piquet, avec
les raifons qui les ont
engagés à juger comme
ils ont fait. Quelque difficile que ce Jeu paroiffe,
il ne faut néanmoins
qu'une grande attention
à fon Jeu, pour être bon
Joueur ; car la grande
fcience eft de favoir par
fon Jeu, ce que fon
Adverfaire doit avoir
dans le fien, foit par ce
qu'il montre fur la ta-
ble, foit par ce qu'il

n'a point, & qu'il pour-
roit avoir.

Nous tâcherons de
donner une idée auffi
claire qu'il fera poffible
de ce Jeu, que nous déve-
lopperons d'une maniere
à ne laiffer aucun doute
à ceux qui le favent
déja, fur les coups qui
peuvent leur arriver, &
pour en faciliter la con-
noiffance à ceux qui fe-
ront bien-aifes de l'ap-
prendre. Pour parvenir à
la fin que nous fommes
propofée, nous divife-
rons ce Traité en plu-

sieurs Chapitres. Dans le premier, l'on donnera une idée générale du Jeu; l'on verra dans le second, la maniere dont se doit faire l'Ecart, & ce que c'est que les Cartes blanches; dans le troisieme, on expliquera ce que c'est que le Point, les Tierces, Quatriemes, Quintes, Sixiemes, Septiemes & Huitiemes; dans le quatrieme, l'on trouvera l'ordre qu'on doit obser-ver en comptant son Jeu, & la maniere de jouer les Cartes ; & dans le cinquieme Chapitre, il y aura les différentes manieres dont on joue le Piquet à écrire. L'on donnera enfuite une ta-ble des Loix ou Regles du Jeu, avec les décifions des meilleurs Joueurs de Piquet fur les coups les plus difficiles , & les raifons qui ont fait éta-blir ces Regles.

CHAPITRE PRÈMIER.

Où l'on donne une idéé géné-
rale du Jeu de Piquet.

ON ne peut jouer que deux
au Piquet, & le Jeu ne doit
être composé que de trente-
deux Cartes, qui font, l'As,
le Roi, la Dame, le Valet,
le Dix, le Neuf, le Huit &
le Sept de chaque couleur.
Obfervez que les Cartes font
rangées ci-deffus comme elles
valent, les As étant toujours
au-deffus des Rois, les Rois
des Dames, les Dames des
Valéts.

Il eft à remarquer que toutes les Cartes valent les points

qu'elles marquent, si vous en exceptez l'As qui en vaut onze, & qui, comme il a été déja dit, emporte toujours le Roi, mais il faut pour cela qu'il soit de même couleur ; & les trois figures, c'est-à-dire, Roi, Dame, Valet, valent dix point chacune.

Quand on est convenu de ce qu'on veut jouer, & en combien de points on jouera, on voit à qui mêlera le premier : celui qui a tiré la plus basse carte, doit donc mêler & donner les cartes le premier, il les prend à cet effet, les mêle autant qu'il juge à propos, puis les présente à son adverse partie qui peut les mêler, s'il veut, à son tour;

en ce cas , celui qui est à donner les Cartes, doit mêler une seconde fois , & presenter à couper à son adversaire , qui doit pour lors les couper nettement ; car celui qui les éparpilleroit , ou n'en couperoit qu'une , seroit obligé de recommencer , après que celui qui est à donner auroit rebattu les Cartes. Cela fait , celui qui donne met les Cartes de dessous dessus , puis les distribue deux à deux , ou trois à trois , cela dépend de son caprice , & ce sont les deux nombres ordinaires , & jamais une à une , ni au-dessus de trois.

Il faut continuer dans tout le cours de la partie par le

nombre qu'on a commencé
car si, par fantaisie, on ve-
noit à vouloir changer la donne, il ne seroit pas permis,
à moins que d'avoir averti
avant que de mêler, en disant:
Je donnerai par deux ou par
trois.

On donne donc de ces
Cartes jusqu'à ce que les
Joueurs en aient eu chacun
douze; de maniere qu'il n'en
reste plus que huit en la main
de celui qui donne, & qu'il
doit poser sur le tapis, vis-à-
vis de son adversaire & de
lui: ces huit Cartes sont appel-
lées *Talon*.

Avant que de passer plus
loin, pour donner une idée
générale

générale du Jeu dans ce Chapitre, comme nous nous fommes propofés, il eft à propos
de faire remarquer que fi celui
qui donne les Cartes, au lieu
de n'en donner que douze à
fon adverfaire, lui en donne
treize, ou les prend pour lui,
il eft libre à celui qui a la
main, c'eft-à-dire, qui n'a
point mêlé, de fe tenir au Jeu,
ou de faire refaire, rendant
en ce cas le coup nul ; mais
s'il s'y tient lorfqu'il a treize
Cartes, il doit laiffer les trois
Cartes au dernier ; c'eft-à-
dire, que le Talon n'étant
pour lors que de fept, il ne
peut en prendre au plus que
quatre, & moins s'il veut,
par la raifon que nous en don-

nerons ci-après ; & si le dernier a treize Cartes, il en écarte trois, & n'en prend que deux, & si l'un des deux Joueurs se trouvoit avoir quatorze Cartes, n'importe lequel, il faut refaire le coup.

Vous remarquerez que lorsque dans le Talon il y a une Carte tournée, soit que le Talon soit de sept à huit Cartes, pourvu que le coup se joue, le coup sera bon, si la Carte tournée n'est pas celle qui est au-dessus du Talon, ou la premiere des trois que doit prendre le dernier, parce qu'en ce cas la Carte étant vue des deux Joueurs, on doit refaire nécessairement, à cause que si on le laissoit à la volonté

de celui à qui elle va de droit,
il auroit l'avantage de s'y tenir s'il avoit beau jeu, & de
refaire s'il l'avoit mauvais ; ce
qui ne feroit pas jufte, n'y
ayant point de faute à punir
dans ce coup.

Vous remarquerez encore
que la févérité que l'on a dans
certaines Provinces, comme
dans le Languedoc & dans la
Provence, de condamner au
grand coup, c'eft-à-dire, à perdre cent foixante & dix points,
pour avoir tourné ou vu une
ou plufieurs Cartes du Talon
de fon adverfaire, eft fort
injufte, & n'eft point d'ufage
parmi les gens qui jouent bien
le Piquet ; le Joueur qui tourne
ou voit une ou plufieurs Car-

tes du Talon de son adversaire, est condamné à jouer
telle couleur que son adversaire voudra, s'il est premier
à jouer.

Il est à propos, pour l'intelligence de ce Jeu, d'expliquer ce que c'est que *Hasard*.
Il y a dans ce Jeu trois sortes
de Hasards, qu'on appelle Repic, Pic & Capot.

Le *Repic* a lieu lorsque dans
son jeu, sans que l'adversaire
puisse rien compter, ou du
moins ne pare pas, l'on compte jusqu'à trente points ; en ce
cas, au lieu de dire trente, on
dit quatre-vingt-dix, & au-
dessus, à mesure qu'il y a
des points à compter au-dessus
de trente.

Le *Pic*, a lieu lorſqu'ayant compté un certain nombre de points, ſans que l'adverſaire ait rien compté, l'on va en jouant juſqu'à trente; auquel cas, au lieu de dire trente, l'on compte ſoixante, & l'on continue de compter les points que l'on fait par-deſſus.

Le *Capot*, c'eſt lorſque l'un des deux fait toutes les levées; il compte pour cela quarante points : au lieu que celui qui gagne ſeulement les Cartes, compte dix points pour les Cartes. C'eſt fort mal-à-propos que certains Joueurs prétendent que l'on ne ſauroit faire tous les Haſards en un ſeul coup : tous conviennent qu'on peut joindre le Capot au Pic

& au Repic , ce qui arrive même ordinairement ; & les gens qui se vantent de bien savoir le Jeu , conviennent comme moi , que par cette même raison l'on peut faire les trois Hasards d'un seul coup : en voici l'exemple. Je suppose qu'un des Joueurs ait les quatre Tierces Majeures, & que son point soit bon, s'il est premier à jouer , il entrera par 4 du point , & 12 des Tierces Majeures, c'est 16, 16 & 14 d'As , c'est 90, 90 & 28 des deux quatorze de Rois & de Dames feront cent dix-huit , & en jouant ses Cartes il ira à cent soixante & un, qui joints aux quarante pour le Capot , feront deux cent un points d'un coup. Ce coup est si rare, qu'il n'est peut-être jamais arrivé ; mais il est de la justice qu'il vaille de la sorte, s'il arrive jamais.

Observez que lorsque la Tierce Majeure est bonne pour le point, elle vaut quatre ; & quand même elle ne seroit comptée que pour trois de point, les trois Hasards y seroient encore.

Il faut remarquer que pour faire *Pic*, c'est-à-dire, pour compter soixante, au lieu de trente, il faut être premier ; car si vous n'êtes pas premier, & que le premier jette une Carte qui marque, il comptera un ; & vous, quand vous auriez compté dans votre jeu vingt-neuf, si vous levez la Carte jettée, vous ne compterez cependant que trente, à moins que celui qui joue le premier ne jette une Carte qui ne compte point, comme un neuf, un huit ou sept ; auquel cas après avoir levé cette main, vous pouvez continuer de jouer votre jeu jusqu'à trente, & compter soixante, le Hasard étant bien fait.

L'on doit condamner ici la sévérité qu'on a en Provence & en Languedoc, à l'égard du Pic : un Joueur qui au lieu de dire soixante, ne diroit que trente, ne sauroit y revenir, & ne compte absolument que trente, au lieu que dans tout le reſte du monde il en revient, & jamais les Joueurs ne doivent ſe faire de ces difficultés, n'y ayant rien qui oblige à cette ſévérité ; la diſtraction de celui qui compte trente au lieu de ſoixante, ne pouvant être qu'à ſon préjudice, il pourra donc y revenir juſqu'à ce que l'on ait coupé pour le coup ſuivant.

Il faut remarquer encore que lorſque les deux parties ſont fort avancées, les Cartes Blanches, qui valent dix points, ſont premiérement comptées ; enſuite le Point, les Tierces, Quatriemes, Cinquiemes, &c. viennent après ; après cela, les points que l'on compte en jouant, & enfin les dix points des Cartes ou les quarante du Capot.

CHAPITRE II.

De la maniere dont se doit faire l'Ecart, & ce que c'est que Cartes Blanches.

LORSQUE chacun a ses douze Cartes qui composent son jeu, il les examine, & doit, pour mieux connoître son jeu, arranger ses couleurs, c'est-à-dire, mettre les Cœurs avec les Cœurs, les Piques avec les Piques, & ainsi des autres.

Ce qu'il doit d'abord considérer, c'est s'il a Cartes Blanches, c'est-à-dire, s'il n'a point de Peintures dans son jeu ; les Peintures sont les

Rois, les Dames & les Va-
lets : enfin, si l'un des deux
Joueurs se trouve avoir Cartes Blanches, après que l'autre a fait son écart, il étale ses
Cartes sur le Tapis en les comptant l'une après l'autre, & les
Cartes Blanches lui valent dix
points, qui sont comptées
avant le Point même, & qui
servent à faire le Pic & le Repic, & à les parer.

Le Jeu ayant été ainsi examiné, & qu'un des Joueurs
ait Cartes Blanches ou non,
celui qui est le premier à prendre fait son écart, c'est-à-dire,
qu'il choisit dans son jeu les
cinq Cartes qui lui sem-
blent les moins nécessaires,
pour

pour en reprendre autant du Talon.

Observez qu'il ne peut point en prendre plus de cinq, mais bien moins, puisqu'il peut n'en prendre qu'une s'il veut, ou trois, ou deux, ou quatre; il est pour lors en droit de voir les Cartes qu'il laisse, & qu'il pourroit prendre.

Et si le dernier à prendre, lorsqu'on lui a laissé des Cartes ou autrement, ne veut point prendre toutes les Cartes qui lui restent, il peut n'en prendre s'il veut qu'une, étant obligé, ainsi que le premier, d'en prendre pour le moins une; s'il en laisse, il peut les voir, & le premier est en droit de les voir aussi, en ac-

cusant la couleur dont il commencera à jouer, & par laquelle il est obligé de jouer,
& si le dernier ayant laissé des
Cartes, il les avoir mêlées
avec celles de son écart, le
premier est en droit de voir
son écart, en disant la couleur dont il jouera en entrant
au Jeu.

Si par malice ou par mé-
garde celui qui a dit : je commencerai par telle couleur,
commençoit par une autre,
il seroit libre au dernier de le
faire commencer par telle couleur qu'il voudroit.

Comme ces Regles sont
plutôt faites pour les Com-
mençans que pour les Maîtres,
ils ne seront pas fâchés qu'on

leur apprenne en paſſant, la maniere dont il convient de faire les écarts, & le but que l'on doit avoir en les faiſant.

En faiſant l'écart, le premier but des grands Joueurs eſt de gagner les Cartes & d'avoir le Point, ce qui les oblige à porter ordinairement la couleur dont ils ont le plus, ou bien dont ils ſont plus forts; car il conviendroit de préférer quarante - un d'une couleur à quarante - quatre d'une autre, où la Quinte ne ſeroit pas faite, quelquefois même la Quinte y étant, étant plus avantageux d'avoir ces quarante-un, où une ſeule Carte peut faire une Quinte Majeure ou le Point, & ſervir à gagner les Cartes, ce qui ne pourroit se faire en portant les quarante - quatre, à moins qu'il n'y eût une rentrée extraordinaire.

Il faut observer que si l'on joue pour un grand coup, il faut jouer différemment que lorsqu'on joue pour un petit coup, parce que l'on s'abandonne, pour le grand coup, absolument à la rentrée qui est fort incertaine : au lieu que pour un petit coup, l'on porte un jeu que la rentrée, quelle qu'elle soit, doit rendre meilleur & suffisant pour le faire, à moins que ce ne fussent absolument les Cartes les plus opposées au Jeu, ou de moindre valeur.

Il faut encore, en écartant, tirer à se faire des Quatorze ; on appelle Quatorze, quatre As, quatre Rois, quatre Dames, quatre Valets, quatre Dix ; le Quatorze d'As efface tous les autres, & à la faveur de ce Quatorze on peut en compter un bien plus bas, comme seroit celui de Dix, encore que l'adversaire en eût un de Rois, de Dames ou de Valets, parce que le Quatorze plus fort annulle le moindre ; & comme l'on compte, au défaut des Quatorze, trois As, trois Rois, trois Dames, trois Valets, trois Dix, il est encore bon d'y tirer : vous observez que les trois As valent mieux que les trois Rois,

& que le moindre Quatorze empêche de compter trois As, & ainsi des autres; & qu'à la faveur d'un Quatorze on compte non - seulement d'autres Quatorze moindres, mais encore trois Dix ou autres trois, pourvu que ce ne soit point de Neuf, de Huit ou de Sept, encore que l'adversaire eût trois d'une valeur au-dessus; le moindre usage rendra familiere cette Regle, qui semble d'abord une des plus difficiles du Jeu.

Vous observerez la même chose à l'égard des Huitiemes, Septiemes, Sixiemes, Quintes, Quatrièmes & Tierces, auxquelles un homme qui fait son écart doit avoir égard, pour tâcher de s'en procurer par sa rentrée, étant ce qu'il y a de plus beau au Jeu ; vous en trouverez la valeur & le nom dans le Chapitre suivant, ce qui servira à faire connoître aux Joueurs, qui ne sont pas bien au fait de ce Jeu, ce qu'il convient mieux de porter.

CHAPITRE III.

Où l'on explique ce que c'est que le Point, les Tierces, les Quatrièmes, Quintes, Sixièmes, Septièmes & Huitièmes.

LE Point, c'est un nombre de Cartes d'une même couleur que l'on a dans son Jeu, & dont on assemble les points pour les accuser : vous observerez, pour compter le Point, que l'As vaut onze, & les Figures dix chacune, le reste des Cartes autant de points qu'elles en valent par ce qu'elles sont marquées ; un Dix, dix points ; un Neuf, neuf, &c.

Le Point étant aſſemblé, le premier à jouer l'accuſe, c'eſt-à-dire, dit le point qu'il a, & demande à ſon adverſaire s'il eſt bon ; ſi l'adverſaire n'en a pas autant, il dit qu'il eſt bon ; & s'il en a autant, il dit qu'il eſt égal ; & s'il en a plus, il dit qu'il ne vaut pas ; enfin, qu'il ſoit bon ou non, celui qui a le point plus fort, compte pour ledit point autant de points qu'il a de Cartes ; à moins que, par exemple, ayant ſix Cartes de point, elles ne fiſſent que cin-quante-quatre, auquel cas les ſix Cartes ne doivent être comptées que cinq ; au lieu que s'il y avoit cinquante-cinq, elles en vaudroient six ; & ainsi de soixante - quatre & quarante-quatre qui ne valent pour le point qu'à proportion des dixaines , le cinquieme point faisant la dixaine, trente-cinq points en valent autant pour le point que quarante-quatre , étant comptés l'un & l'autre pour quatre ; mais c'est celui qui a le plus de points qui les compte ; & si le point est égal, personne ne le doit compter : il en est de même lorsque les deux Joueurs ont les mêmes Tierces , Quatrie-mes , Cinquiemes , &c. à moins que par une Quinte , ou Quatrieme, ou Tierce supé-rieure , il ne rende bonnes les

Tierces, Quatriemes ou Cinquiemes qui pourroient être
égales avec celles de son adversaire.

Les Tierces.

Il y a six sortes de Tierces ;
la premiere que l'on appelle
Majeure, & qui est compo-
sée d'un As, d'un Roi &
d'une Dame ; la seconde, appellée de Roi, composée d'un
Roi, d'une Dame & d'un
Valet ; la troisieme de Dame,
que la Dame, le Valet &
le Dix composent ; la quatrieme de Valet, qui est Valet, Dix & Neuf ; la cin-
quieme de Dix, qui est Dix,
Neuf & Huit ; & la sixieme,
qu'on appelle Tierce basse ou

fine, & qui est le Neuf, le Huit & le Sept. Vous obser- verez qu'il faut, pour faire une Tierce, ainsi qu'une Qua- trieme & une Quinte, &c. que toutes les Cartes soient de même couleur.

Les Quatriemes.

Il y a de cinq sortes de Qua- triemes ; la premiere, qu'on appelle Quatrieme Majeure, est composée de l'As, du Roi, de la Dame & du Valet ; la se- conde, qu'on appelle de Roi, est composée du Roi, de la Dame, du Valet & du Dix ; la troisieme de Dame, com- posée de la Dame, du Valet, du Dix & du Neuf ; la qua- trieme

trieme de Valet, composée
du Valet, du Dix, du Neuf
& du Huit ; & la cinquieme,
dite quatrieme basse, du Dix,
du Neuf , du Huit & du
Sept.

Les Quintes.

Il y a de quatre sortes de
Quintes ; la premiere , appellée Quinte Majeure , est
composée de l'As, du Roi, de
la Dame, du Valet & du Dix;
la seconde , dite de Roi , est
composée du Roi, de la Dame, du Valet, du Dix & du
Neuf; la troisieme de Dame,
composée de la Dame, le
Valet, le Dix, le Neuf & le
Huit ; & la quatrieme , dite
Quinte basse ou au Valet ,

du Valet, du Dix, du Neuf,
du Huit & du Sept.

Les Sixiemes.

Il y a trois sortes de Sixiemes ; la premiere, dite Sixieme Majeure, est composée
de l'As, le Roi, la Dame, le
Valet, le Dix & le Neuf ;
la seconde de Roi, composée
du Roi, de la Dame, du
Valet, du Dix, du Neuf &
du Huit ; & la troisieme,
appellée de Dame ou basse,
que composent la Dame, le
Valet, le Dix, le Neuf, le
Huit & le Sept.

Les Septiemes.

Il y a de deux sortes de
Septiemes ; la premiere, dite
Septieme Majeure, composée

de l'As, le Roi, la Dame,
le Valet, le Dix, le Neuf
& le Huit ; & la feconde de
Roi, que compofent le Roi,
la Dame, le Valet, le Dix,
le Neuf, le Huit & le Sept.

Les Huitiemes.

Il n'y a qu'une forte de
Huitiemes, qui eft compofée
de l'As, le Roi, la Dame, le
Valet, le Dix, le Neuf, le
Huit & le Sept, qui font tou-
tes les Cartes d'une couleur.

Voilà à quoi il eft encore
bon de vifer en faifant fon
écart, étant de l'avantage d'un
Joueur d'en avoir ; car une
Tierce bonne vaut à celui qui
la compte, trois points ; une
Quatrieme quatre ; une Quin-

te en vaut quinze; une Sixieme seize; une Septieme dix-sept; & la Huitieme dix-huit, outre les points qui sont accordés pour le Point. Par exemple, un Joueur qui auroit une Quinte Majeure dont le point seroit bon, compteroit quinze pour la Quinte, & cinq pour le Point, ce qui feroit vingt : & ainsi de la Quatrieme, qui vaudroit quatre pour le Point, & quatre pour la Quatrieme : la même chose se fera à l'égard des Sixiemes, Septiemes & Huitiemes.

Vous remarquerez encore, quoiqu'il ait été déja dit ci-devant, que celui qui a la plus haute Tierce, Quatrieme, Quinte, & ainsi des autres qui suivent, annulle toutes celles qui sont au-dessous. Par exemple, une Tierce Majeure annulle une Tierce de Roi, & ainsi des Quatriemes, Quintes, &c. en observant que la moindre Quatrieme annulle la plus haute Tierce, la moindre Quinte la plus haute Quatrieme, la moindre Sixieme la plus haute Quinte, & la moindre Septieme la plus haute Sixieme : la Huitieme annulle toutes les autres especes de séquences.

Observez que toutes ces Tierces, Quartes & Quintes, &c. font des séquences : observez en même temps, comme il a été déja dit ci-devant, qu'à la faveur d'une

Tierce, Quatrieme ou Quinte, & ainsi des autres bonnes, l'on fait passer les moindres Tierces, encore que l'adversaire en eût de plus fortes, & l'on accumule par-là les points qu'elles font, le jeu de l'adversaire étant annullé par la séquence supérieure : & s'il y a de l'égalité dans la plus haute séquence entre les deux Joueurs, celui qui en auroit plusieurs autres ou de la même force ou moindres, n'en compteroit pour cela pas une, la plus noble étant égale.

Il paroît que l'on a expliqué suffisamment toutes les séquences. Voyons maintenant l'ordre que l'on doit observer

en comptant le jeu, & la
maniere de jouer les Cartes

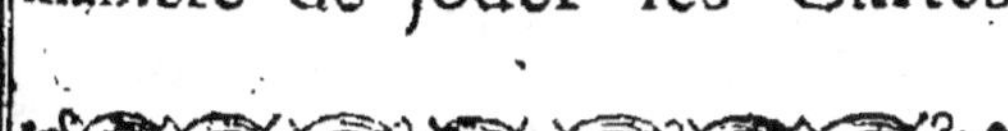

CHAPITRE IV.

*De l'ordre qu'on doit tenir
en comptant son jeu, &
de la maniere de jouer les
Cartes.*

APRÈS que chacun des
Joueurs a pris du Talon les
Cartes qu'il doit y prendre,
il doit assembler son jeu pour
y voir ce qu'il a à compter.
Il doit commencer par ramas-
ser la couleur dont il a en plus
grand nombre, pour en composer son Point & l'accuser ;
& si le dernier en a davantage

dans son jeu , il dit : il ne
vaut pas; s'il en a autant, il dit : il
est égal : & s'il en a moins,
il répond qu'il est bon : après
avoir compté le Point , il doit
examiner s'il n'a pas des Tierces , Quatriemes , Quintes,
&c. afin de compter autant de
points, si ce qu'il en a n'est
point défendu par l'adversaire.

Vous observerez que le
Point, les Tierces, Quatriemes,
Quintes , &c. doivent être mis
sur table , afin qu'on puisse
en compter la valeur : car,
par exemple, si un des Joueurs
qui auroit accusé le Point,
ou des Tierces , Quatriemes,
Quintes , &c. & que l'on lui
auroit répondu valoir : si, dis-
je , ce Joueur oublioit de les

montrer, & jouoit fans les avoir comptées, il ne pourroit plus y revenir, & fon adverfaire compteroit fon Point, encore qu'il fût moindre ; fes Tierces, Quatriemes, Quintes, encore qu'elles fuffent plus baffes, pourvu néanmoins qu'il les montrât lui-même avant de jetter fa premiere Carte ; fans quoi, c'eft-à-dire, s'il l'avoit jettée, il ne feroit plus à temps d'y revenir, & pour lors ils ne compteroient ni l'un ni l'autre.

Après que l'on a examiné & compté les Tierces, Quatriemes, Quintes, &c. il faut examiner fi l'on a quelques Quatorze : les Quatorze font quatre As, quatre Rois, qua-

tre Dames, quatre Valets, &
quatre Dix, comme il a été
déja dit : un Quatorze bon est
compté pour quatorze points,
le supérieur annulle l'inférieur,
& fait que l'on peut à sa faveur compter trois As, trois
Rois, ou trois Dames, &c.

S'il n'y a point de Quatorze
dans le jeu, on cherche à
compter ou trois As, ou trois
Rois, ou trois Dames, ou trois
Valets, ou enfin trois Dix, les
plus hautes annullant toujours
les inférieures.

Après donc que chacun a
examiné son jeu, & vu par
les interrogations faites, ce
qu'il a de bon dans son jeu,
le premier commence à le
compter : la première chose

qu'il compte , ce font les
Cartes Blanches qui valent
dix points, s'il les a : il commence alors , en difant, dix
de Cartes Blanches valent dix :
& s'il a le Point , il l'étale &
compte s'il a cinquante en
point ; dix & cinq pour le
Point c'eſt quinze : ſi enſuite
il a une Quatriéme bonne ,
il l'étale également , & ajoute
quatre points à quinze qui
font dix-neuf ; s'il a outre
cela un Quatorze, ou trois
As, ou trois de quelqu'autre
choſe qui ſoit bon , il les ajoute encore ; & après avoir
compté tout ſon jeu , il joue
une Carte en comptant un
point pour la Carte qu'il
joue, ſi elle eſt ou un As, un

Roi, une Dame, un Valet
ou un Dix, qui font les feu-
les Cartes qui marquent.

Après que le premier a
joué fa Carte, le dernier,
avant que de jouer, montre
fon Point, s'il l'a bon, fes
Tierces, Quatriemes ou Quintes, &c. compte fes Qua-
torze ou fes trois As, trois
Rois, &c. fes Cartes Blanches, s'il les avoit; & après
avoir ajouté enfemble tout ce
qu'il a à compter, il leve la
Carte que le premier a jouée,
s'il le peut, ou bien fournit
de la couleur, s'il ne peut
point lever, & lorfqu'il prend
la levée ' il joue par telle couleur qu'il veut.

L'on

L'on obfervera que comme il n'y a point de furprife au Jeu de Piquet, celui qui en jouant fes Cartes change de couleur, doit nommer la couleur dont il joue ; faute de quoi celui qui auroit fourni, comptant qu'il continuoit à jouer de la couleur dont il jouoit auparavant, feroit en droit de reprendre la Carte jettée, quand même elle feroit de la couleur jouée.

A l'égard de la maniere de jouer les Cartes, comme il faut que ce foit l'ufage qui enfeigne la maniere la plus avantageufe de les jouer, on fe contentera d'en dire deux mots en général.

Il eft certain que c'eft principalement à la maniere de jouer les Cartes que l'on connoît un bon Joüeur d'avec celui qui ne l'eſt pas; & il n'eſt pas poſſible de les bien jouer, que l'on ne connoiſſe la force du Jeu; c'eſt-à-dire, par le Jeu que l'on a, l'on doit connoître ce que l'adverſaire peut avoir, & ce qu'il doit avoir écarté, en faiſant encore attention à ce qu'il montre de ſon Jeu, & à ce qu'il compte.

Le principal but du Joüeur, en jouant ſes Cartes, doit être en premier lieu de les gagner; en ſecond, de faire davantage de points, & empêcher l'adverſaire d'en faire; mais le principal objet ce ſont les

Cartes qui valent dix à celui qui les gagne.

L'on dira, en faveur de ceux qui n'ont aucune teinture du Jeu de Piquet, qu'il n'y a point de Triomphe au Piquet, mais que ce font les meilleures Cartes de la couleur jouée qui font la levée; car, par exemple, s'il étoit joué le Roi de Trefle, & que vous en eussiez l'As, vous leveriez la main, au lieu que s'il n'en étoit joué que le Sept, & que vous n'eussiez pas de la couleur, encore que vous jouassiez une Carte de plus de valeur dans une autre couleur, la levée iroit à celui qui auroit joué le Sept.

Si par mégarde celui qui

fournit sur la Carte jouée ne jouoit pas de la couleur que son adversaire jette, s'il en avoit, quoique sa Carte fût sur le tapis, il lui seroit permis de la relever pour en fournir, sans qu'il en coûté pour cela aucune peine.

Un premier quelquefois aura le malheur que son Point, ses Quintes, ses Quatriemes, ses Tierces, & autres choses qu'il peut avoir ne lui vaudroient rien, pour lors il commencera à compter par un, en jettant telle Carte de son jeu qu'il jugera à propos, & il continuera à jouer jusqu'à ce que son adversaire ait joué une Carte plus haute que la sienne.

Celui qui est second en

Carte, avant que de jouer, comme il a été déja dit, compte tout ce qu'il a à compter dans son jeu, & lorsqu'en jouant les Cartes il fait la levée, il rejoue par telle couleur qu'il veut ; ils jouent de la sorte jusqu'à ce que leurs douze Cartes soient jettées; celui qui fait la derniere levée compte deux points, si la Carte qu'il joue est une Carte qui marque ; & un, quoi qu'elle ne marque pas.

Chacun compte ensuite ses levées, & celui qui en a le plus, compte dix pour les Cartes ; & lorsqu'elles sont égales, elles ne sont comptées de part ni d'autre.

Le coup n'est pas plutôt

fini que chacun doit mar-
quer, ou avec des jetons,
ou avec un crayon, ce qu'il
a fait de points, jusqu'à ce
que la Partie s'acheve. On
recommence à donner les
Cartes après les avoir mêlées
& donné à couper, comme
on a dit.

Chacun fait tour à tour au
Piquet, supposé qu'on ne
finisse point la Partie d'un seul
coup.

Lorsqu'on recommence une
autre Partie, si celui qui a
perdu veut jouer, on coupe
pour savoir qui fera le premier, & de la maniere qu'on l'a
déja dit, à moins qu'on ne soit
convenu au commencement du
Jeu que la main suivroit.

Dans l'un & l'autre cas, on continue alternativement à donner; il est libre à chacun des deux Joueurs de ne plus jouer lorsque la Partie est achevée, mais non pas dans le cours de la Partie, à moins que de payer ce que l'on joue.

CHAPITRE V.

LE PIQUET A ÉCRIRE.

CETTE maniere de jouer le Piquet est fort en usage parmi les honnêtes gens, qui en font par-là un Jeu d'une plus grande société, puisqu'on y peut jouer trois, quatre, cinq, six & sept personnes. Il n'y a cependant que deux de ces Joueurs qui jouent à-la-fois, & les autres ensuite alternativement.

Lorsque l'on joue au Malheureux, celui qui est marqué continue à jouer, & celui qui marque est relevé par celui des Joueurs qui attend que l'un des Joueurs sorte . le coup fini , chacun relevant à son tour ; au lieu que lorsqu'on joue à tourner , l'on commence par un côté , & l'on tourne toujours du même côté : par exemple , je commencerai la Partie avec le Joueur qui sera à ma droite : après que nous aurons joué notre coup , il jouera encore un coup avec le Joueur de sa droite , & ainsi des autres : c'est la maniere la plus égale de jouer ce Jeu.

Avant de commencer à jouer , il faut convenir combien l'on jouera de Rois ou de Tours ; si c'est six , neuf ou douze Rois , plus ou moins ; un Roi c'est deux Tours, & un Tour c'est deux coups : on l'appelle encore Ide en plusieurs Provinces. Il faut , pour qu'un Tour soit joué , que chacun des deux Joueurs ait mêlé une fois ; l'on convient ensuite de la valeur de chaque point , soit deux liards , un sol ou davantage si l'on veut ; on voit après à qui fera.

L'on joue du reste selon les Regles du Piquet, & chacun des deux Joueurs fait une fois seulement, & l'on compte à demi-tour les points que l'on fait de plus que son adversaire , en les marquant avec des jetons : par exem-

ple, on suppose que du premier coup l'un des deux Joueurs
ait fait vingt points, & son
adversaire dix, ce sont dix
points que le premier a contre l'autre, & qu'il marque
avec des jetons jusqu'à ce
que le second coup soit joué :
si, dans ce second coup, celui
qui a les dix points sur l'autre n'en faisoit encore que dix,
& que son adversaire en fît
quarante, ce seroit vingt points
que celui-ci auroit plus que
lui de ce second coup, parce
que de quarante points, il
faudroit en rabattre vingt
points ; savoir, dix du coup
précédent, & dix du second
coup ; par conséquent il reste-
roit vingt points que l'on écri-

roit pour le perdant, & ainsi des autres coups.

Cependant, comme l'idée qu'on vient de donner n'est pas suffisante pour certaines gens qui ne se contentent pas de voir les choses, mais qui veulent encore les toucher, on leur donnera une Table ci-après, qui leur apprendra la maniere dont ils doivent marquer ceux qui perdent ; observez seulement que tous les points qui se trouvent au-dessous de cinq, ne sont comptés pour rien, & que cinq points ou au-dessus valant dix.

Par cette raison, quinze points en vaudront, contre le marqué

marqué autant que vingt-qua-
tre, c'est-à-dire, qu'ils seront
marqués pour vingt, & ainsi
des autres. Si l'on est trois
Joueurs, l'on fait trois colonnes; à la tête de chacune on
met le nom d'un Joueur, laquelle on marque à mesure
qu'il est marqué.

TABLE

Qui marque douze Rois ou Tours joués.

Jean.	Pierre.	Denis.
30	30	60
40	40	110
100	30	30
30	50	90
70	50	70
90	60	100
50	30	30
60	80	20
addition.	*addition.*	*addition.*
470	370	510

Voilà donc les colonnes

de chaque Joueur marquées des points qu'ils ont perdus dans le cours de douze Rois qu'ils ont joué. Il faut après cela additionner chaque colonne, pour voir à combien les points montent, & les ranger comme on le va voir.

Addition des Points des Joueurs.

Jean perd 470 points.
Pierre . . . 370
Denis . . . 510

Total 1350 points, qu'il faut diviser entre trois personnes, ce qui fait pour chacune 450 points. Cette division étant faite, chaque

Joueur prend sa rétribution, de maniere que Pierre qui n'a que 370 points, gagne 80 points, parce qu'il lui manque ce nombre pour se remplir de 450 qui font son tiers dans 1350 points; ainsi Jean qui est marqué de 470 points, perd 20 points à cause qu'il a ce même nombre au-dessus de 450, &, par la même raison, Denis perd 60 points, ayant ce même nombre au-dessus de 450; & lorsqu'il y a quelque dixaine de surnuméraire, elle est au profit de celui qui perd le plus.

Observez encore qu'il se paye ordinairement une Consolation à ce Jeu, qui est de 20 par marque, plus ou moins, ainsi qu'on en convient; en sorte que si elle est de 20, le Joueur qui est marqué de 30 par le Jeu, est marqué de 50 en perte, & ainsi des autres.

Seconde maniere de jouer le Piquet à écrire.

Il y a une autre maniere de jouer le Piquet à trois ou à cinq, moins embarrassante en ce qu'il n'est pas besoin de plumes ni de papier, ni addition : la voici.

Chaque Joueur prend la valeur de six cens marques en cinq Fiches & dix Jetons; chaque Fiche vaut dix Jetons, & chaque Jeton est compté pour dix marques;

de façon qu'un Joueur marqué de trente, en mettant trois Jetons, paye.

L'on joue du reste le Jeu de la même façon qu'en écrivant, à la réserve qu'il y a au bout de la Table au lieu d'une écritoire un corbillon, dans lequel on met ce dont on est marqué, & que l'on partage également entre tous les Joueurs à la fin de la Partie.

La Consolation se paye la même chose par le marqué, qui, au lieu de dix dont il est marqué par le Jeu, en met trente dans le corbillon, & au lieu de trente, cinquante; & ainsi des autres; & outre cette Consolation, il y en a une autre que celui qui eſt marqué paye également, & qui eſt deux Jetons qu'il paye en propre à celui qui l'a marqué d'un grand ou petit coup, c'eſt la même choſe, & un Jeton aux autres Joueur ; il en eſt de même payé lorſqu'il marque, ou que les autres Joueurs jouent entr'eux.

Obſervez que lorſque les coups de deux Joueurs ſont égaux, ou qu'il ne reſte pas à l'un plus de quatre points plus qu'à l'autre, c'eſt un refait, & celui qui eſt marqué après un refait, paye pour cela au corbillon vingt marques de plus, & pour deux refaits quarante, & ainſi des autres.

A moins que l'on ne soit convenu auparavant que pour empêcher les refaits, on marquera à un point; en ce cas, pour que le refait ait lieu, il faut que les deux coups soient absolument égaux.

Après que la Partie est achevée de jouer, ce que l'on voit par une carte où l'on a marqué les tours que l'on a eu dessein de jouer, & que le corbillon est partagé, chacun voit ce qu'il gagne ou perd sans aucun embarras, & les Jetons impairs & surnuméraires, qui n'ont pu être partagés, sont au profit de celui qui perd davantage.

Troisieme maniere de jouer le Piquet à écrire.

L'on peut encore jouer le Piquet de la même maniere, c'eſt-à-dire, en prenant chacun la valeur de ſix cens marques ; l'on peut jouer un contre un, en ſe payant ce dont l'on eſt marqué l'un à l'autre, & ce Jeu eſt fort égal : l'on fait à ce Jeu la Conſolation auſſi forte que l'on veut.

L'on joue également ce Jeu deux contre deux, ce ſont même les Parties ordinaires, ou deux contre un ; on appelle celui qui joue ſeul contre deux, la Chouette.

Pour toutes ces façons de jouer, vous aurez recours aux Regles, qui sont les mêmes pour tout ce qu'on appelle Piquet.

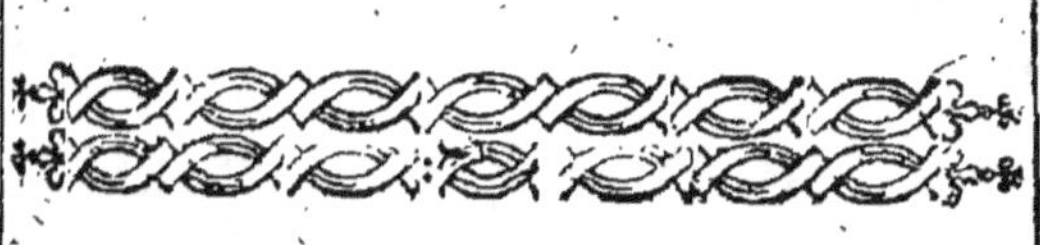

LOIX OU REGLES

DU JEU DE PIQUET,

Avec les Décisions des meilleurs Joueurs sur les Coups les plus difficiles.

I. S'il se trouve que l'un des Joueurs ait plus de cartes qu'il ne faut, si le nombre n'en excéde pas treize, il est au choix de celui qui a la main de refaire ou de jouer selon qu'il le trouve avantageux à son Jeu ; & lorsqu'il y a quatorze cartes ou

plus, l'on refait nécessairement.

La raison qui fait décider
ce coup de la sorte, est que
lorsqu'il y a treize cartes à
l'un des deux Jeux, c'est par
la faute de celui qui a mêlé;
c'est pourquoi s'il y a une
peine, c'est à lui à la subir;
c'est une Regle généralement
reçue.

II. Si celui qui est le premier a treize cartes au lieu
de douze, & qu'il veuille
jouer & ne point refaire, il
le peut; mais il doit en écarter une de plus qu'il n'en
prend, étant obligé de laiffer au dernier ses trois cartes;
au contraire, si celui qui
donne

donne en a pris treize, il
eſt encore au choix du premier de refaire ou de jouer :
il prend dans ce ſecond cas
autant de cartes qu'il en prendroit ſi le Talon n'étoit pas
faux, & le dernier qui a
treize cartes en écarte trois,
& n'en prend que deux pour
parfaire le nombre de douze
qu'il doit avoir : tout cela doit
ſe faire en s'avertiſſant l'un
l'autre, & avant que d'avoir
vu les cartes qu'on prend ;
car après cela l'on n'y eſt point
reçu, & il faut que le Jeu
ſe joue comme il ſe trouve,
aux peines que doivent porter
ceux qui ont trop de cartes,
ſavoir de ne rien compter.

La juſtice qui eſt rendue

au premier, lorsqu'on lui laisse
le choix de jouer le coup ou
de refaire, engage en même
temps à faire laisser sa légi-
time au dernier lorsqu'il n'a
pas les treize cartes, & lorfqu'il en a treize, à l'obliger
d'en écarter trois, pour n'en
prendre que deux, afin de
n'avoir pas au-delà des douze
cartes qui doivent composer
son Jeu, & il ne peut du
reste avoir plus de douze
cartes, que par sa faute, qui
fera punie à la rigueur, si le
cas arrive. Cette Regle est aussi
généralement reçue.

III. Qui prend plus de cartes qu'il n'en a écarté, ou se
trouve en jouant en avoir plus
qu'il ne faut, ne compte rien

du tout, ni ne peut empêcher son adversaire de compter tout ce qu'il a dans son Jeu, encore que ce qu'il a fût de beaucoup inférieur au Jeu de celui qui a treize cartes ou davantage.

La rigidité de cette Regle est fondée sur la justice, puisque souvent un carte suffit dans un Jeu pour le faire valoir & abattre. Elle est reçue de tous les Joueurs de Piquet qui se piquent de savoir le Jeu.

IV. Qui prend moins de cartes, ou s'en trouve moins, peut compter tout ce qu'il a dans son Jeu, n'y ayant point de fautes à jouer avec moins de cartes ; mais son adverſaire compte toujours la derniere, attendu qu'il ne fournit point , & par conſéquent il ne ſauroit être Capot ; au lieu que celui qui a moins de cartes le feroit, ſi ſon adverſaire faiſoit les onze premieres levées , n'ayant point de quoi fournir à la douzieme.

Il ſemble d'abord que l'on ſoit moins rigide ſur cette Regle que ſur la précédente ; cependant , ſi l'on examine bien que celui qui n'a que onze cartes ou moins, ne ſe préjudicie qu'à lui-même, on le trouvera ſuffiſamment puni de riſquer le Capot, ſans pouvoir le faire. Tous les Joueurs admettent cette Regle de la forte.

V. Qui a commencé à jouer & oublié à compter Cartes Blanches, le Point ou les As, Rois, Dames, &c. ou les Tierces, Quatriemes, Quintes, &c. qu'il peut avoir de bonnes dans fon Jeu, n'eft plus reçu à les compter après, & tout cet avantage devient nul pour lui.

Cette Regle eft rigide, en ce qu'il femble n'y avoir point de mauvaife foi ; mais l'on conviendra que celui qui oublie de compter fon Jeu, faifant une faute, il eft jufte qu'il en foit puni. Tous les Joueurs admettent de même cette Regle.

VI. Lorfqu'avant que de jetter la premiere carte, on ne montre pas le point qu'on a plus que fon adverfaire, ou quelque Tïerce, Quatrieme, &c. on ne peut plus y revenir, & on les perd. En ce cas, le premier à qui l'on auroit dit que fon Point ne vaut pas ou fes Tierces, &c. ou trois de quelques autres chofes, eft en droit, pourvu qu'il ne joue pas fa feconde carte, de compter fon Jeu, qu'on lui auroit dit ne point valoir, & qu'on n'auroit point montré ou accufé.

C'eft avec juftice que l'on admet à revenir pour compter fon Jeu, celui à qui on auroit dit que fon Jeu n'étoit pas bon, puisqu'il ne le montre pas sur la parole de l'adver- saire, lequel étant de mau- vaise foi, pourroit toujours dire ne vaut pas, au hasard qu'on oublieroit de le remon- trer auparavant de jouer. Tous les Joueurs sont d'accord sur cette Regle.

VII. L'on doit continuer à donner de la même maniere que l'on a commencé, soit par deux ou trois, pendant tout le long d'une partie, à moins qu'auparavant que de mêler, l'on n'avertisse que l'on donnera par deux ou trois : alors l'on peut changer de maniere, sans avertir, en com- mençant chaque partie.

La raison de cette Regle

est plaufible, puifqu'un Joueur qui connoîtroit les cartes, & qui verroit que la troifième ou quatrième feroient bonnes, donneroit par deux ou par trois, cherchant par-là fon avantage. Elle eft reçue de tous les Joueurs, & fort bien établie pour prévenir jufqu'aux moindres abus.

VIII. Il n'eft pas permis d'écarter à deux fois; c'eft-à-dire, que du moment que l'on a touché le Talon après avoir écarté tel ou tel nombre de cartes qu'on a jugé à propos, on ne peut plus les reprendre, & cette Loi regarde également les deux Joueurs. La même raifon a fait recevoir de tous les Joueurs la préfente Regle.

IX. Il n'eft pas permis à aucun des deux Joueurs de regarder les cartes qu'il doit prendre, en les étendant avant que d'écarter; c'eft pourquoi lorfque celui qui a la main ne prend pas fes cinq cartes du Talon, il doit dire à fon adverfaire : Je n'en prends que tant, ou j'en laiffe tant. La même raifon a fait établir cette Regle, qui eft généralement reçue, afin de lever le prétexte qu'on pourroit avoir, lorfqu'on eft dernier, de dire que l'on ne fait point le nombre des cartes qui reftent au Talon, le premier ayant pu en laiffer.

X. Celui qui a écarté moins

de cartes qu'il n'en prend, &
s'apperçoit de fa bévue avant
que d'en avoir retourné aucune, ou mife fur les fiennes, eft reçu à remettre ce
qu'il a de trop fans encourir
aucune peine, pourvu néanmoins que fon adverfaire n'ait
point pris les fiennes ; car s'il
les avoit prifes & vues, il lui
feroit loifible de jouer le coup,
ou de refaire ; & fi le coup
fe jouoit, la carte de trop feroit mife à l'un des deux écarts,
après avoir été vue des deux
Joueurs.

Ce coup qui a été long-
temps difputé, a été enfin décidé felon les droits de la juftice, puifque par cette déci-
fion on a mitigé la punition ;

de sorte que quoique celui qui fait la faute ne soit pas puni avec toute la rigueur que l'est celui qui a trop de cartes, n'étant pas tout-à-fait dans le cas, à cause qu'il se déclare avant que de voir sa rentrée, devant même que de la joindre à son Jeu, il n'y a par conséquent pas de mauvaise foi à punir ; cependant, comme il a fait faute, il est de la justice que celui à qui cette carte seroit allée, & qui auroit pu rendre son jeu bon, soit le maître de s'y tenir ou de refaire. Les Joueurs qui jugent les coups par la raison, & sans prévention, trouvent cette Regle fort bien établie, & l'admettent comme elle eſt.

XI. Si celui qui donne deux fois de ſuite, reconnoît ſa faute avant d'avoir vu aucune de ſes cartes, ſon adverſaire ſera obligé de faire, encore même qu'il ait vu ſon Jeu.

Cette Regle eſt fort conforme à l'équité, puiſqu'un chacun doit faire à ſon tour, & que celui qui mêle ne peut point agir en cela de mauvaiſe foi, dès qu'il en avertit avant que de voir ſon Jeu; elle eſt reçue ainſi par-tout.

XII. Quand le premier accuſe ſon Point, & ce qu'il peut avoir à compter dans ſon Jeu, & que l'autre lui ayant répondu

répondu cela est bon, il s'apperçoit ensuite en examinant
mieux son Jeu qu'il s'est trompé ; pourvu qu'il n'ait point
joué, il est reçu à compter ce
qu'il a de bon, & efface ce
que le premier auroit compté,
encore que ledit premier eût
commencé à jouer.

Il y a bien des Joueurs qui
admettent que lorsque l'on a
accusé son Point il faut s'y
tenir, ne pouvant point l'aug-
menter, mais bien le dimi-
nuer, si l'on s'apperçoit n'en
avoir pas autant que l'on avoit
d'abord accusé ; je serois bien
de leur sentiment là-dessus,
particuliérement si cela arrivoit souvent ; il n'en est pas
de même à l'égard des Tier-

H

ces, Quatriemes, &c. Quatorze & trois As, &c. On peut toujours y revenir jusqu'à ce que l'on ait joué, excepté, par exemple, fi un Joueur ayant trois As ou chose femblable, & qu'il demandât fi trois Valets font bons, pour découvrir fi fon adverfaire à trois Dames qu'il pourroit avoir, il ne fauroit revenir à compter ce qu'il a de bon, il en eft de même d'une Tierce fupérieure, fi l'on demandoit d'une de beaucoup inférieure la même chofe.

Cette Regle regarde les deux Joueurs, & elle a lieu par-tout à l'égard des Tierces, Quatriemes, &c. Quatorze, trois As, trois Rois, &c. mais à l'égard du Point , bien des Joueurs ne l'admettent pas , à cause qu'il pourroit y avoir de la surprise , en faisant découvrir par-là à son adversaire le côté dont il a son Point qu'il pourroit avoir de deux côtés : si cependant le coup arrivoit une fois par hasard, il pourroit y revenir ; au lieu que si cela arrivoit plusieurs fois, on pourroit obliger un Joueur sujet à se méprendre , à s'en tenir au premier Point qu'il accuseroit , la Loi étant égale d'ailleurs.

XIII. Celui qui pouvant avoir quatorze d'As, de Rois, de Dames , de Valets ou de Dix , en écarte une de celles-là , & n'accuse par conséquent que

trois As, trois Rois, trois Dames, trois Valets, ou trois Dix,
& qu'on lui a dit qu'ils sont
bons; celui-là, dis-je, est obligé
de dire au juste à son adversaire
laquelle de ces cartes lui manque, pourvu qu'il le lui demande d'abord après qu'il a joué la
premiere carte de son Jeu.

Cette Regle est établie afin
d'éviter l'embarras que cause-
roit la nécessité où l'on seroit
d'étaler ses Quatorze ou ses
trois As, Rois, &c.

XIV. S'il arrivoit que le Jeu
de cartes se rencontrât faux,
c'est-à-dire, qu'il y eût deux dix,
ou deux autres cartes d'une même façon, ou qu'il y eût une carte de plus ou de moins, le coup
seulement demeureroit nul,

les précédens , s'il y en avoit de joués , feroient cependant bons.

Cette Regle porte en elle-même la raison pourquoi elle est faite , n'y ayant point de Jeux où l'on joue les coups faux.

XV. Si en donnant les cartes , il s'en trouve une de retournée , il faut rebattre , & recommencer à les couper, & à les donner, à cause du défavantage qu'elle pourroit apporter à celui dans le Jeu de qui elle se trouve , & de l'avantage que pourroit en tirer l'adversaire.

XVI. S'il se rencontre une carte tournée au Talon , le coup est bon, pourvu que ce ne soit pas la carte de dessus , ou bien la premiere des trois que le dernier doit prendre; & s'il y en avoit deux, il faudroit refaire.

Ce coup qui a été le sujet de tant de disputes, a été décidé de la sorte par les plus habiles Joueurs; & leur raison est que la carte tournée qui est au milieu des cartes du Talon, ne sauroit être vue, si celui qui la prend veut prendre garde à son Jeu; d'ailleurs, quand même elle seroit vûe, elle ne le seroit qu'après que les écarts sont faits; ce qui ne sauroit plus changer le Jeu, & par conséquent y préjudicier: cette Regle est généralement reçûe par tous ceux qui se piquent de savoir le Piquet.

XVII. Celui qui accuſe faux, comme de dire : J'ai trois ou quatre As, Rois, Dames, Valets, ou Dix, qu'il pourroit avoir même, & qu'il n'a cependant pas, ne compte pour cela rien de tout ce qu'il a dans ſon Jeu, à moins qu'il ne ſe reprenne avant de jetter la premiere carte ; car s'il a joué ſeule-ment une carte, & que ſon adverſaire s'apperçoive d'abord, ou au milieu, ou à la fin du coup, qu'il a compté faux, il l'empêche non-ſeulement de rien compter de ſon Jeu, mais il compte encore tout ce qui eſt dans le ſien, ce que l'autre ne peut point parer ; il en eſt de même de celui qui au lieu de compter quatorze d'As , ou de Rois, &c. ou trois de quelque chose, comp-teroit à la place ce qu'il n'au-roit pas , comme au lieu des As compteroit des Rois.

Il est aisé de comprendre que cette Regle n'a été faite que pour punir la mauvaise foi de ceux qui sous prétexte de se tromper , pourroient compter ce qu'ils n'auroient pas , & qu'ils pourroient avoir, & il faut punir comme mau-vaise foi tout ce qui peut être soupçonné l'être , la moindre apparence étant punie au Jeu. Tous les Joueurs admettent cette Regle.

XVIII. Toute carte lâchée, & qui a touché le tapis, est

cenfée jouée ; fi pourtant on n'étoit que fecond à jouer & qu'on eût couvert une carte de fon adverfaire qui ne fût pas de même couleur, & qu'on en eût dans fon Jeu ; en ce cas, il eft permis de la reprendre pour fournir de la même peinture, ne pouvant pas renoncer, il n'y a aucune peine pour cela ; mais fi n'ayant pas de la couleur jouée, on jettoit par mégarde une carte au lieu d'une autre, il ne feroit plus permis de la reprendre dès qu'elle eft lâchée de la main.

Perfonne ne s'eft jamais oppofé à cette Regle, puifque n'y ayant point de Triomphe à ce Jeu, il ne fauroit y avoir de renonce.

XIX. Celui qui pour voir les cartes que laisse le dernier lorsqu'il en laisse, dit, je joüerai de telle couleur, & qui enfuite joüant ne jette pas de la couleur qu'il feroit obligé de joüer, il dépend de fon adverfaire de lui faire joüer par la couleur qu'il trouvera à propos.

La punition impofée à ce coup, eft pour empêcher qu'il ne fe paffe rien au Jeu qui ait apparence de mauvaife foi. Tous les Joüeurs s'y foumettent.

XX. Celui qui par mégarde ou autrement tourne ou voit une carte du Talon, doit joüer de la couleur que fon adverfaire voudra autant de

fois qu'il auroit vu de cartes;
une fois s'il n'y a eu qu'une
carte tournée; deux s'il y en a
deux, &c.

Cette Regle regarde le dernier dont le premier a vu quelques cartes, car si le dernier
voyoit ou tournoit le Talon
du premier, il seroit libre au
premier de jouer le coup,
ou de refaire après avoir vu
son Jeu.

C'est sans doute cette Regle
qui a fait le plus de bruit au
Jeu de Piquet,& pour laquelle
les plus habiles Joueurs ont
été si long-temps partagés;
je ne conçois pas que l'on puisse
en Provence & en Languedoc
condamner au grand coup un

homme qui a tourné on vu un carte au Talon.

Tous les Joueurs fameux sont du même sentiment rapporté, & la seule raison naturelle leur en sert de preuve.

XXI. Celui qui ayant laissé un carte du Talon, la mêle à son écart avant que de l'avoir montrée à son adversaire, peut être obligé par lui, après qu'il lui a nommé la couleur dont il commencera à jouer, à lui montrer tout son écart; il lui est permis de ne pas la voir ni montrer, pourvu qu'il ne la mêle point à son écart.

Cette Regle est dans la justice, puisque dès que le dernier a vu la carte qu'il laisse, son

ſon adverſaire eſt en droit de la voir , dans le doute laquelle c'eſt : il eſt juſte qu'il les voie toutes. Cette Regle eſt généralement reçue.

XXII. Qui reprend des cartes dans ſon écart, ou eſt ſurpris à en changer , ou fait autres tours de Fripon , perd la partie & doit être chaſſé comme un Coquin avec qui on ne doit plus jouer. La peine de cet article ne ſauroit être aſſez forte , puiſque c'eſt pour punir un Fripon avéré.

XXIII. Qui quitte la partie avant qu'elle ſoit finie, la perd , à moins que de grandes affaires ne l'obligeaſſent à quitter ; il faut en ce cas que ce ſoit d'une mutuel confentement qu'elle foit remife.

C'eft pour prévenir les abus qui fe glifferoient tous les jours par ceux qui voyant Partie mauvaife, voudroient la renvoyer, afin d'éviter enfuite de la finir.

XXIV. Celui qui croyant avoir perdu jette fes cartes qu'on brouille avec le Talon, perd en effet la Partie, encore qu'il s'apperçoive après, qu'il s'eft mépris ; mais fi rien n'eft mêlé il y peut revenir, pourvu que l'autre n'ait pas brouillé fon Jeu.

De même s'il arrive à la fin d'un coup qu'un Joueur ayant en fa main deux ou trois cartes, & croyant que fon adverſaire les a plus hautes, il les jettē toutes enſemble : ſi celui qui joue cohtre lui mon- tré alors ſes cartés, il les leve pour lui, quoique ſes cartes ſoient inférieurés, & le pre- mier n'en peut revenir, per- dant en effet les cartes qui lui reſtent.

Cette Regle eſt fort bien établie, puiſque celui qui au- roit beſoin de ſon écart pour achever, n'auroit qu'à céder la Partie, s'il lui étoit permis de reprendre ſon Jeu qui ſe- roit brouillé, & prendre par- là les cartés dont il auroit be- ſoin; & la vivacité de celui qui cédé ſes cartes en comptant que ſon adverſaire en a de plus hautes , ne mérite pas une moindre punition.

XXV. Celui qui étant dernier écarteroit & prendroit les cartes du premier , avant que le premier eût eu le temps de faire son écart , & les auroit mêlées à son Jeu , perdroit la Partie s'il jouoit au cent , & le grand coup s'il jouoit en Partie ; mais si le premier avoit eu le temps d'écarter , & qu'il eût attendu que le dernier eût pris ses cartes , se croyant être le premier , le coup sera bon , & celui qui est de droit premier commencera à jouer.

Cette Regle ne peut être trop rigide dans le premier cas , puisque la mauvaise foi est manifeste dans celui qui se hâte de faire son écart pour prendre les cinq cartes que son adversaire doit prendre; au lieu que dans le second, c'est précisément la faute du premier qui doit savoir que c'est à lui à en prendre cinq.

XXVI. Quand on n'a qu'un Quatorze en main qui doit valoir, on n'est pas obligé de dire si c'est d'As, de Rois, de Dames, &c. on dit seulement *Quatorze*; mais si on en peut avoir deux dans son Jeu, & que l'on n'en ait qu'un, ayant écarté une carte ou deux qui vous réduisent à un seul, alors on est obligé de nommer le *Quatorze* que l'on a.

Cette Regle est naturelle,

en ce que celui qui n'a qu'un Quatorze à craindre, doit néceſſairement ſavoir le Quatorze que l'adverſaire accuſe, au lieu qu'il n'en eſt pas de même s'il en a deux, pouvant en avoir un de bon & un plus bas qui ne vaudroit pas.

F I N.

TABLE

DES CHAPITRES

DU JEU

DE PIQUET,

ET DE SES REGLES.

JANVIER.

J.	PERTE	GAIN
1		
2		
3		
4		
5		
6		
7		
8		
9		
10		
11		
12		
13		
14		
15		

JANVIER.

	PERTE	GAIN
J.		
16		
17		
18		
19		
20		
21		
22		
23		
24		
25		
26		
27		
28		
29		
30		
31		

FEVRIER.

J.	PERTE.	GAIN.
1		
2		
3		
4		
5		
6		
7		
8		
9		
10		
11		
12		
13		
14		

FEVRIER.

	PERTE.	GAIN.
J.		
15		
16		
17		
18		
19		
20		
21		
22		
23		
24		
25		
26		
27		
28		

MARS.

	PERTE.	GAIN.
J.		
1		
2		
3		
4		
5		
6		
7		
8		
9		
10		
11		
12		
13		
14		
15		

PERTE. GAIN.

MARS.

AVRIL.

J.	PERTE.	GAIN.
1		
2		
3		
4		
5		
6		
7		
8		
9		
10		
11		
12		
13		
14		
15		

AVRIL.

J.	PERTE.	GAIN.
16		
17		
18		
19		
20		
21		
22		
23		
24		
25		
26		
27		
28		
29		
30		

MAI.

PERTE.	11	GAIN.

J.
1
2
3
4
5
6
7
8
9
10
11
12
13
14
15

$$\text{M A I}$$

J.	PERTE.	GAIN.
16		
17		
18		
19		
20		
21		
22		
23		
24		
25		
26		
27		
28		
29		
30		

JUIN.

PERTE.	11	GAIN.
J.		
1		
2		
3		
4		
5		
6		
7		
8		
9		
10		
11		
12		
13		
14		
15		

JUIN.

J.	PERTE.	GAIN.
16		
17		
18		
19		
20		
21		
22		
23		
24		
25		
26		
27		
28		
29		
30		
31		

JUILLET.

j.	PERTE.	GAIN.
1		
2		
3		
4		
5		
6		
7		
8		
9		
10		
11		
12		
13		
14		
15		

JUILLET.

J.	PERTE	GAIN
16		
17		
18		
19		
20		
21		
22		
23		
24		
25		
26		
27		
28		
29		
30		
31		

A·O·U·S·T.

J.	PERTE.	GAIN.
1		
2		
3		
4		
5		
6		
7		
8		
9		
10		
11		
12		
13		
14		
15		

PERTE. 11 GAIN.

AOUST.

	PERTE	GAIN
J.		
16		
17		
18		
19		
20		
21		
22		
23		
24		
25		
26		
27		
28		
29		
30		
31		

J.
1
2
3
4
5
6
7
8
9
10
11
12
13
14
15

SEPTEMBRE.

	PERTE	GAIN
1		
2		
3		
4		
5		
6		
7		
8		
9		
10		
11		
12		
13		
14		
15		

SEPTEMBRE.

J.	PERTE	GAIN
16		
17		
18		
19		
20		
21		
22		
23		
24		
25		
26		
27		
28		
29		
30		

OCTOBRE.

J.	PERTE.	GAIN.
1		
2		
3		
4		
5		
6		
7		
8		
9		
10		
11		
12		
13		
14		
15		

OCTOBRE.

J.	PERTE.	GAIN.
16		
17		
18		
19		
20		
21		
22		
23		
24		
25		
26		
27		
28		
29		
30		

NOVEMBRE.

PERTE.	11	GAIN.
J.		
1		
2		
3		
4		
5		
6		
7		
8		
9		
10		
11		
12		
13		
14		
15		

	PERTE.	GAIN.
J.		
16		
17		
18		
19		
20		
21		
22		
23		
24		
25		
26		
27		
28		
29		
30		

DECEMBRE.

J.	PERTE.	GAIN.
1		
2		
3		
4		
5		
6		
7		
8		
9		
10		
11		
12		
13		
14		
15		

DÉCEMBRE.

J.	PERTE.	GAIN.
16		
17		
18		
19		
20		
21		
22		
23		
24		
25		
26		
27		
28		
29		
30		
31		

les, & les raisons qui ont engagé à donner les Regles telles qu'elles font, 71

Fin de la Table.

Lu & approuvé, ce 13 Novembre 1778.

DE SAUVIGNY.

Vu l'approbation, permis d'imprimer, ce 18 Novembre 1778.
LE NOIR.